글로벌 리더의 경영 모델
PARS

김영광 지음

박영사

서문

　한국 기업의 해외 진출 현황을 살펴보면 놀라운 속도로 증가해왔다. 수출입은행 통계에 따르면 해외 직접 투자 규모가 외환위기 때 주춤하였다가 다시 지속적 증가추세를 보여 2020년 기준 5백억 달러에 이르고 있다. 국가 통계 포탈의 누적 투자 금액을 보면 2020년 기준 아시아 37%, 북미 26%, 유럽 18%, 중남미 13%, 기타 6%로 지역적 다각화가 이루어지고 있다. 또한 해외 진출 품목도 자동차, 반도체 등 기술집약적이면서 자본집약적인 산업 등으로 다변화되고 있다.

　그런데, 이런 한국 기업의 글로벌 성장 속도에 비해서 외국에서 보는 한국의 글로벌 경쟁력은 좀 박하게 평가되고 있다. 스위스의 IMD는 매년 각국의 국제 경쟁력을 발표하고 있는데 한국의 국가 경쟁력은 20년 21년 계속 23위 수준에 머무르고 있다. 경쟁력 중에서도 사회 간접 자본, 사업 효율성, 정부 효율성, 경제 성과 등이 낮은 수준으로 나타나고 있다. 한국이 선진국으로 발돋움하기 위해서는 아직도 개선되어야 하는 부분이 많다는 의미이기도 하다. 특별히 한국 기업의 글로벌화가 가속화되면서 급속히 늘어나고 있는 해외 주재원들이 글로벌 경쟁력의 첨병으로 그리고 글로벌 리더로 역량강화가 이루어져야 한다는 의미이기도 하다.

　그런데, 이렇게 책임이 막중해진 글로벌 리더 주재원들이 현지에 나가 제대로 업무를 수행할 수 있도록 사전 준비를 할 수 있는 기회는 예전이나 지금이나 별로 많지가 않은 것 같다. 이문화 적응 교육을 받거나 생존 언어 교육을 받는 정도로는 주재원이 감당해야 하는 막중한 책임들을 수행하는 데에는 턱없이 부족하다. 이런 현실적 한계에 도움을 주고 싶었던 것이 이 책을 쓰게 된 동기이기도 하다.

　주재원을 시작하는 시점에서는 늘 설렘과 두려움을 갖고 시작하게 된다. 저자는 주재원 파견을 두 번 나갔는데, 첫 번째 주재원 파견은 IMF 사태가 막 터졌던 98년도로, 환율이 2,000원까지 오르고 집 값과 주식이 폭락하고 나갔던 주재원도 불러들이던 때였다. 이게 정말 맞는 길인지 불안한 마음으로 주재원을 나갔는데, 역시나 우려가 현실이 되어 1년 만에 소속된 사업부문이 매각되었다. 그렇게 갈데없이 미국에서 낙동강 오리 알 신세가 된 저자가 다시 발령받은 곳은, 수년 전에 인수하였던 미국 회사로 문 닫기 일보 직전의 사업체였다. 그때

겪은 마음 고생, 몸 고생은 이루 말할 수가 없을 정도였다.

두 번째 주재원 파견은 2009년 뉴욕 지사에서 글로벌 신규사업을 발굴하는 미션을 수행하게 되었다. 신규 사업 중에서도 친환경 에너지 사업과 쉐일 가스(shale gas) 붐이 막 태동을 하던 때라서 벤처 기업에서부터 대기업까지 현장 방문을 하며 많은 사업 기회들을 직접 목격하고 검토하는 기회를 가질 수가 있었다.

이렇게 두 번에 걸친 주재원 경험에 대해서는 이 책의 중간 중간에 소개되겠지만, 이런 기회들이 필자의 사업 시야를 넓혀주었고, 다양한 문제해결 방법을 배우게 해주었다. 무엇보다, 각기 다른 문화적 배경에서 살아온 사람들과 협업하는 경험을 할 수 있었던 소중한 시간이었다. 저자가 이렇게 주재원에서 대표이사가 될 때까지 현장에서 34년간 일할 수 있었던 것은, 다 그때의 경험 덕분이라고 생각한다. 독자 분들에게도 똑같은 기회의 시간이 펼쳐질 것이라고 믿는다.

저자가 SK 계열사 대표를 마지막으로 현직에서 물러나면서 새로 둥지를 튼 곳은 SK 사내 교육 기관인 마이써니(mySUNI)의 전문 교수 자리였다. 운이 좋게도 이곳에서 SK와 함께 보낸 지난 경험들을 학문적으로 정리할 수 있는 기회를 가질 수 있었다. 특별히 Minerva 대학과 DDI의 과정을 강의하면서 얻은 지식과 경험이 큰 도움이 되었고 본문 여러 곳에서 인용이 되었다.

이 책을 쓰게 된 동기도 먼저 주재원 경험을 한 선배로서, 또 리더십 교수로서 현장의 고민 많은 주재원들에게 저자의 경험적 지식을 전달하여 조금이라도 도움을 주고 싶은 마음이었다. 무엇보다도 주재원으로서 현지에서 겪게 되는 도전 들에는 어떤 것이 있고 이에 대한 대응을 어떻게 해야 할지에 대해 설명을 하고 또한 주재원으로서 얻을 수 있는 기회를 어떻게 하면 최대한 살릴 수 있을 것인지도 설명해 보고자 한다.

그리고, 이 책에서는 앞으로 주재원들의 비전을 명확히 한다는 의미에서 주재원이라는 용어 대신에 글로벌 리더라는 명칭을 쓰려고 한다. 사실, 한국 기업이 글로벌화되어 가면서, 꼭 주재원으로 나가지는 않아도 모든 직책에서 글로벌 리더의 역할을 수행하여야 하므로 글로벌 리더라는 명칭이 적합하다고 생각한다.

이 책이 특별히 글로벌 리더를 대상으로 한 이유는, 신입사원에서 CEO까지 필자의 34년간 직장 생활을 뒤돌아보았을 때 주재원 시절을 통해 얻은 것들이 가장 크고 단단한 기초가 되어주었기 때문이다. 그리고, 또 다른 이유는 외국의 다양한 문화와 시스템을 경험한 글로벌 리더들이 더 많이 CEO로 배출되어 한국의 기업문화를 다양성으로 한 단계 더 업그레이드시켜 주기를 바라는 소망이 있기 때문이다.

이런 이유로 이 책이 글로벌 리더를 중심 대상으로 하였지만, 여기서 소개하는 PARS 경영 모델은 어느 조직의 어떤 직책에 있던지 유용하게 적용이 가능하다고 생각한다. 경영은 본질적으로 도전과 응전의 세계이고 그 도전은 색깔만다를 뿐 유사한 특징을 갖고 있기 때문이다.

수많은 정보와 대안 속에서도 길을 잃지 않고 목적지(Purpose)에 도달하여야만 하고, 갈수록 복잡한 환경에 적응(Adaptation)을 해야만 생존할 수 있다. 세상에는 위기(Risk)가 없는 곳이 없고, 리더 혼자서는 모든 것을 할 수 없기 때문에 구성원들을 셀프 리더(Self-leader)로 육성해야만 한다. 이 책에서 소개하는 PARS 경영 모델은 바로 이러한 Purpose, Adaptation, Risk, Self-leadership을 핵심으로 한 글로벌 리더를 위한 경영 모델이다.

PARS 경영 모델을 통해 복잡한 기업 환경의 변화 속에서 구성원으로부터 조직에 대한 강한 일체감, 적극적 참여, 기대 이상의 성과를 달성할 수 있는 동기유발을 자극할 수 있도록 현장감 있는 리더십을 발휘할 수 있는 방법을 제시하려고 노력하였다

그래서, 이 책에서는 다른 리더십 책들과 다르게 리더십의 이론을 다루기보다는 리더십을 발휘할 수 있는 구체적인 경영 모델에 중심을 두어서, 학문적인 내용은 가능한 간단하게 설명을 하고, 독자들이 실제 현장에 바로 적용할 수있는 경영 모델과 실전 기법을 다양한 사례를 통해서 익힐 수 있도록 구성을 하였다. PARS 경영 모델의 실습을 통해 현장 적용 능력을 얻을 수 있도록 하는 것이 목적이다. 그리고 기회가 된다면 독자들을 직접 워크숍을 통해서도 만나 각자의 현장 고민을 같이 풀어 나갈 수 있는 기회가 있기를 소망해본다.

하루의 마무리는 저녁이 아니라, 아침에 이루어진다는 말이 있다. 새로운 출발선에서 글로벌 리더로 큰 꿈을 만들어 가는 독자 여러분! 앞으로 20년 이상일할 수 있는 역량을, 만들어보겠다는 열망을 품고, 당당히 나아가기를 응원한다. 글로벌 리더로 발령을 받아 낯설은 외국 현장에서 불철주야 애쓰고 있는 모든 분들께 뜨거운 응원을 보낸다. 그리고 글로벌 리더를 꿈꾸는 분들에게는 꼭그 꿈을 이루시기를 기원한다

마지막으로 이 책이 나오기까지 많은 도움을 주신 분들에게 감사를 전한다. 글로벌 리더십 강의안 개발에 같이 참여하여 주신 SNA-DDI의 스테파니 남 대표님, 박성민 강사님과 SK mySUNI의 김종욱 RF, 그리고 통찰력 있는 조언을 아

끼지 않은 정현천 교수님께 특별한 감사를 드린다. 또한 mySUNI의 전문 교수로 정착하기까지 많은 도움을 주신 표문수 총장님과 조돈현 사장님 외 mySUNI의 구성원들 그리고 기꺼이 출판을 맡아주신 박영사에도 감사의 마음을 전한다.

　　항상 곁에서 저자를 응원하여 준 가족들에게 깊이 감사하며 이 책을 바치고자 한다.

2023년 2월

저자

참고

주재원 발령을 받고 파견 준비를 하고 있는 예비 글로벌 리더들에게 다음과 같이 세 가지 질문을 가지고 설문 조사를 하였다.

- 주재원 파견 시에 예상되는 어려움은 무엇인가?
- 주재원 근무 기간 동안 무엇을 얻고 싶은가?
- 주재원 사전 교육 과정에서 얻고 싶은 것은 무엇인가?

다양한 응답이 나온 것을 정리한 결과, 아래 도표와 같이 대부분은 PARS 경영 모델에 있는 네 가지 리더십으로 수렴이 되었다. 다음 장부터 구체적으로 소개되는 PARS 경영 모델을 잘 이해하고 현장에 적용할 수 있는 기법들을 익히게 되면 모든 글로벌 리더들이 성공적인 해외 근무 성과를 이룰 것이라고 믿어 의심치 않는다.

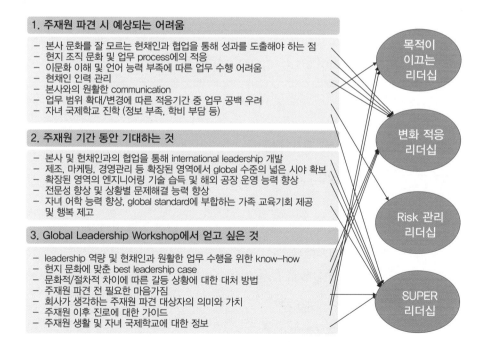

1. 주재원 파견 시 예상되는 어려움

- 본사 문화를 잘 모르는 현채인과 협업을 통해 성과를 도출해야 하는 점
- 현지 조직 문화 및 업무 process에의 적응
- 이문화 이해 및 언어 능력 부족에 따른 업무 수행 어려움
- 현채인 인력 관리
- 본사와의 원활한 communication
- 업무 범위 확대/변경에 따른 적응기간 중 업무 공백 우려
- 자녀 국제학교 진학 (정보 부족, 학비 부담 등)

2. 주재원 기간 동안 기대하는 것

- 본사 및 현채인과의 협업을 통해 international leadership 개발
- 제조, 마케팅, 경영관리 등 확장된 영역에서 global 수준의 넓은 시야 확보
- 확장된 영역의 엔지니어링 기술 습득 및 해외 공장 운영 능력 향상
- 전문성 향상 및 상황별 문제해결 능력 향상
- 자녀 어학 능력 향상, global standard에 부합하는 가족 교육기회 제공 및 행복 제고

3. Global Leadership Workshop에서 얻고 싶은 것

- leadership 역량 및 현채인과 원활한 업무 수행을 위한 know-how
- 현지 문화에 맞춘 best leadership case
- 문화적/절차적 차이에 따른 갈등 상황에 대한 대처 방법
- 주재원 파견 전 필요한 마음가짐
- 회사가 생각하는 주재원 파견 대상자의 의미와 가치
- 주재원 이후 진로에 대한 가이드
- 주재원 생활 및 자녀 국제학교에 대한 정보

목적이 이끄는 리더십

변화 적응 리더십

Risk 관리 리더십

SUPER 리더십

CHAPTER
05

부록 • 201

CHAPTER

목적이 이끄는 리더십
(Purpose Driven Leadership) 모델

제1장

목적이 이끄는 리더십 (Purpose Driven Leadership) 모델

"목적을 발견하는 것은 당신 인생의 가장 놀라운 일이 될 것이다."
— Mastin Kipp —

글로벌 리더로 현지에 가게 되면 본사에서 직책이 무엇이든지 간에 리더의 역할을 수행하게 된다. 현지 스태프들에게 회사의 전략과 사업 계획을 이해시켜야 되고, 현지에서 일어나는 모든 일들에 대해서 본사 경영진을 대신해서 리드를 하며 해결방안을 찾아가야 한다. 때론 현지 상황을 잘 모르는 본사와의 갈등 때문에 고민하는 위치에 서기도 한다. 이런 글로벌 리더들의 독특한 포지션 때문에 리더로서 홀로서기를 하여야만 한다.

또 글로벌 리더로 파견을 나가게 되면 본사에서 여러 가지 가이드라인을 받게 된다. 그런데 만일 현지 상황에서 실행하기에는 장애 요인이 너무 많은 본사의 과제를 받는다면, 어떻게 대응해야 할까? 이것이 이 장에서 논의하게 될 글로벌 리더가 직면해야 하는 첫 번째 도전이다.

이런 상황에서 보통 2가지 방법으로 대응을 하는 결정을 한다. 현장 상황의 어려움을 본사에 읍소하며 본사를 설득하는 방법, 또는 밤을 새서라도 어떻게든 지시를 이행하려고 애쓰는 방법이다, 하지만 이 방법들은 몇 번은 통할지 몰라도, 지속되기는 힘들다. 본사에서는 변명이 많다고 생각할 수도 있고, 현지 스태프들은 과도한 업무에 반발할 수 있다.

이처럼 글로벌 리더는 크고 작은 의사결정에 많은 시간을 쓰게 된다. 항상 중요하고 결정적인 판단을 내려야 하는 상황에 처하는 것은 아니지만, 대부분은 중요하고 영향력 있는 결정을 해야만 한다. 그러므로 이런 경우에 대비해서, 우리는 논리적으로, 본사와 현지 스태프들에게 명확하게 소통하고 의사결정을 할 수 있는 방법을 알고 있어야 한다.

그 방법은 바로 "목적이 이끄는 리더십"이다(Purpose Driven Leadership). 본사의 지시는 대개 전략적이면서 중요한 목적이 있는 과제이다. 본사의 지시를 받으면, 먼저 왜(Why)라는 질문을 통해 배경이 되는 목적을 찾고 현장에 적용할지 의사결정을 하여야 한다.

PARS 경영 모델의 첫 번째 모듈인 목적이 이끄는 리더십에서는 어떤 상황에서도 목적 중심의 사고를 통해서 최적의 의사결정을 내리고 모든 구성원이 한 방향으로 역동성을 발휘할 수 있게 만드는 경영 기법들을 다루게 될 것이다.

- 목적을 구성하는 요소들을 이해하여 목적의 체계를 익힌다.
- 조직의 목적에 적합한 의사결정 프로세스를 이해한다.
- 문제/기회를 발견하는 구조적 사고(System Thinking)와 같은 경영 기법을 익힌다.
- 조직의 목적에 부합되는 다양한 대안을 창출하고 편견(Bias)에서 벗어나는 기법들을 배운다.

이 과정에서 소개되는 경영 기법을 익혀서 다음과 같은 역량을 갖는 것이 목표이다

- 복잡한(Complex) 환경에서도 현장감 있는 올바른 의사결정을 내릴 수 있다.
- 어떠한 상황에서도 경영진 및 본사의 지시에 대해 효과적으로 대응할 수 있다.
- 객관적인 분석과 판단을 가로막는 편견(Bias)를 피할 수 있다.
- 회사의 목적, 가치, 원칙, 목표에 부합하는 최적의 대안을 찾을 수 있다.

01 》 목적 체계

목적이 무엇인가를 일깨워 주는 일화가 있다. 건설 현장에서 돌을 깨고 있는 일꾼들이 있다. 그중 한 명에게 무엇을 하고 있는지 물어보자, "나는 지시 받

은 대로 8시간 일하고 일당을 받아간다"고 대답했다. 또 다른 일꾼은 "나는 돌을 깨는 일을 한다"고 했다. 또 한 일꾼은 "나는 성당을 짓는 일을 하고 있다"고 했다. 이 세 명 중에서 누가 더 행복한 일꾼인지 그리고 또 누가 더 열심히 일하는 일꾼인지는 충분히 짐작이 간다. 의심의 여지없이 세 번째 일꾼이다. 그는 돌을 깨는 자신의 노력보다 더 큰 목적을 위해 일하고 있음을 이해하는 눈을 갖고 있었다.

애기 속의 세 번째 일꾼처럼 조직의 팀원들이 자신의 개인적 과제를 넘어서 자기가 속한 조직의 커다란 그림을 이해하고 스스로 참여할 수 있도록 하는 것이 목적의 힘이다.

세계적 경영 컨설팅 회사인 DDI에서 2022년 발표한 CEO/임원 서베이 결과를 보면 목적이 성과에 미치는 영향을 잘 보여준다. 자신의 역할에서 목적이 무엇인지를 명확히 알고 있는 임원들과 그렇지 못한 임원들은 성과의 차가 무려 30~40% 차이가 난다고 한다.

목적은 프로젝트의 목표, 재무적 성과 같은 것이 아니다. 회사의 구성원들은 순이익 10%, 투자 수익률 20%, 시장 점유율 30% 증가 등과 같은 것에 아무런 감정적 느낌을 갖지 못한다. 진정한 목적은 구성원들이 의욕적, 자발적으로 일에 몰두할 수 있게 동기부여를 할 수 있어야 한다.

때론 조직의 진짜 목적은 깊게 생각하지 않으면 쉽게 읽을 수 없을 수가 있다. 예를 들면 디즈니의 사업 목적은 "꿈을 현실로 만드는 것이다." 또 건축 회사의 목적을 단순히 집을 짓는 것으로 하기보다는, "행복한 가정의 꿈을 실현해

주는 것"으로 하면 훨씬 의미 있고 구성원이 일의 보람을 얻을 수가 있다.

300조의 자산을 보유한 투자관리 회사인 블랙록의 래리 핑크 회장은 다음과 같은 간단한 정의를 통해 목적의 중요성을 강조하였다.

"기업은 광범위한 이해관계자의 요구를 고려한 목적을 수용하지 않으면 장기적인 이익을 달성하기 어렵다. 궁극적으로 목적은 장기적으로 수익성을 높이는 원동력이다."

그러므로, 문제와 기회가 공존하는 도전적인 상황을 부닥쳤을 때, 이를 해결하는 대안을 창출하고 그 대안이 성과로 이어지기 위해서는 그 대안이 조직의 목적에 부합하는지를 점검하는 것이 가장 중요하다.

조직의 목적은 구체적으로 4가지 구성요소를 갖추고 있고 이를 목적 체계라고 부른다.

- 목적(Purpose): 전략이나 실행 안이 바뀌어도 변하지 않는 조직의 존재 목적이다. 목적은 길을 찾는 사람에게 북극성과 같다. 목적을 명확히 인식한다는 것은 절대 길을 잃을 가능성이 없다는 의미이다.
- 추구 가치(Values): 전략이나 실행 안이 바뀌어도 변하지 않는 조직이 중요하게 지켜야 하는 가치이다.
- 경영 원칙(Guiding principle): 목적을 달성하기 위한 행동과 접근방법을 규정하는 원칙으로 추구하는 가치와 맞아야 한다.
- 목표(Goals): 사업 환경의 변화에 대응하여 조직의 목표는 변할 수 있다. 또한 장기 목표, 단기 목표와 같이 시간에 따라 목표를 정할 수 있다.

일반적으로 목적 체계의 4가지 구성 요소들은 핵심 가치, 비전 등 다른 이름으로 불리기도 한다. 또한, 조직의 성격에 따라 조금씩 강조점이 다를 수도 있다. 예를 들면, 목적(Purpose)과 사명 선언문(Mission Statement)은 종종 혼동되거나 서로 바꿔서 사용되기도 하지만 두 용어의 강조점은 약간 다르다. 사명 선언문은 자선 단체에서 주로 채택하는데, 무엇을 하는지에 초점이 있다. 예를 들면 다음과 같다. "우리의 미션은 저소득층 가정에 무료 온라인 교육 서비스를 제공하는 것이다." 반면에 목적(Purpose Statement)는 사업을 하는 이유에 대해 초점이 있다. 예를 들면 다음과 같다. "우리는 모든 이해관계자의 행복을 추구하기 위해 사업을 한다."

이와 같이 명칭과 강조점은 조직의 문화에 따라 다를 수 있지만, 근본적으

목적 체계

■ **목적 Purpose(Core)**
전략이나 실행 안이 바뀌어도 변하지 않는
조직의 존재 목적

■ **추구 가치 Values(Why)**
필수적으로 지켜야 하는 행동(Behavior) 기준이며,
경쟁적 불리함이 있어도 변하지 않는 것

■ **경영 원칙 Guiding principle(How)**
목적을 달성하기 위한 접근방법을 규정하는 원칙.
추가 가치와 일치되어야 함

■ **목표 Goal(What)**
사업 환경의 변화에 대응하여 조직의 목표
는 변할 수 있음

로 의미하는 바는 위에 설명한 4가지 구성요소와 일치한다고 하겠다

파나고니아의 목적 체계

아웃도어 업계의 글로벌 의류업체인 파타고니아는 목적 체계를 다음과 같이
설정하고 있다.

파타고니아는 환경 보호를 기본 정신으로 하여 이를 목적, 추구 가치, 행동

파타고니아의 목적 체계

목적 Purpose	파타고니아는 우리의 고향 지구를 구하기 위해 사업을 한다
추구 가치 Values	최고의 제품 구축 / 불필요한 해를 끼치지 않는다 / 사업을 통해 자연을 보호한다 / 관습에 구속되지 않는다
경영 원식 Principles	환경을 청소하고 폐기물로부터 보호한다 / 고객에게 재활용 프로세스에 참여할 수 있는 실질적인 기회를 제공한다
목표 Goal	환경을 지키며 새로운 의류 사업의 브랜드 구축

원칙, 목표에 모두 담아내고 있다. 그리고 조직의 모든 구성원은 회사의 이러한 목적, 가치, 원칙, 목표를 잘 인식하고 있으며 환경을 보호하는 회사라는 자부심을 갖고 있기도 하다.

1985년부터 파타고니아는 "행성을 위한 1%" 계획을 시작하여 전체 매출의 1%를 환경단체에 기부를 하고 있다. 목적이 단순한 구호가 아닌 경영의 모든 면에서 원칙으로 자리 잡고 있다고 하겠다.

SK 그룹의 목적 체계

SK의 목적 체계의 핵심은 "이해관계자의 행복 추구"이다. 그리고, 이제는 SK의 경영 용어가 되어 있는 사회적 가치, ESG(Environment, Social, Governance), 6 values(Challenge & Innovation, Accountability & Integrity, Passion & Love) 같은 것이 핵심가치로 강조되고 있다. 또한, 자발적 의욕적으로 두뇌활동을 할 수 있는 근무환경을 조성한다는 경영 원칙을 VWBE로 표현하고 있다. 목표는 SUPEX로 표현되는 인간이 도달할 수 있는 최고의 수준을 달성하는 것으로 두고 있다. 이와 같이 SK는 목적 체계에 따라 의사결정을 할 수 있는 기본을 잘 갖추었고 기업 문화도 목적 체계에 적합하게 계속 만들어 가고 있는 과정으로 볼 수가 있다.

저자도 SK 계열사의 대표로 근무하면서 그룹의 목적 체계를 어떻게 현업에 적용을 했는지를 계속 고민하였다. 먼저 이해관계자의 행복 추구라는 목적이 현장의 사업 활동과는 어떤 연관 관계가 있는지를 밝혀야 했다. 그래서 "이해관계자의 행복 추구"라는 목적을 현업에 적용하는 방법론을 "행복 추구 → 신뢰 확보 → 기회 발견"이라는 선 순환을 만드는 것으로 이해를 하였다. 즉, 목적을 실현하기 위한 조직의 노력이 시장과 구성원으로부터 신뢰를 얻을 수 있을 때 새로운 사업 기회도 같이 찾아올 수 있다는 인과 관계를 믿고 현장에서 실천을 하려고 하였다. 여기에 대한 사례는 이후에 소개가 될 것이다.

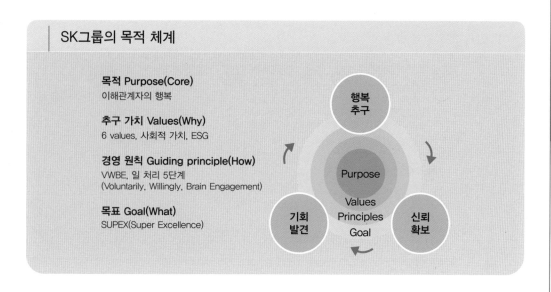

02 》》목적 중심의 의사결정 프로세스 ICS

목적이 이끄는 리더십은 문제 또는 기회의 상황에 부닥칠 때에 의사결정의 과정을 통해 발휘된다. 의사결정은 리더의 직관력이나 경험에 의해 내려질 수 있으나, 세 가지 단계의 프로세스를 통해 이루어질 경우 더 적합한 효과적인 의사결정을 할 수가 있다. 세 가지 단계는 문제와 기회의 발견(Identify), 대안의 창출(Create), 대안의 선정(Select)으로 이루어져 있다. 세 단계의 앞 글자를 따서 ICS라 부르기로 한다.

의사결정 프로세스

문제/기회 발견	대안 창출	대안 선정/실행
근본적 원인 파악	브레인스토밍	목적 달성도 평가
에이전트 상호작용	스캠퍼 기법	대안의 편견 탐색
창발 현상(Emergence)		노력/효과 평가
의사결정 제약 요소		
긴급성/ 영향력 분석		

그런데, 목적 중심의 의사결정은 의사결정 프로세스 각 단계마다 목적과 일치하는지 여부를 점검하는 과정을 거쳐서 조직의 목적을 달성하는 것을 최우선으로 두는 것이다.

문제/기회를 발견하는 단계(Identify)에서는, 현재 부닥친 도전적 상황이 목적의 달성과는 어떤 갭(Gap)이 있는지를 점검하여 목적에 비추어서 문제의 근본적 원인을 찾아내는 것이다. 이렇게 할 때, 문제에 대한 임기 응변 같은 단기적 대응으로 그치지 않고 근본적 원인을 제거할 수 있는 통찰력을 얻을 수 있게 된다.

문제/기회 솔루션을 찾는 대안 창출 단계(Create Options)에서는, 목적을 달성하기 위해서는 무엇을 해야 하는가를 고민하는 것이다. 이렇게 할 때 장기적 목표를 두고 창의적인 대안들을 도출할 수가 있게 된다.

여러 가지 대안들 중에서 최적의 대안을 선정해야 하는 단계(Select the optimal option)에서는, 어느 대안이 목적을 달성하는 데 가장 효과적인가를 점검한다. 이렇게 할 때, 제한된 자원을 활용하여 최대한의 성과를 얻을 수 있도록 대안의 우선순위를 정할 수 있게 된다.

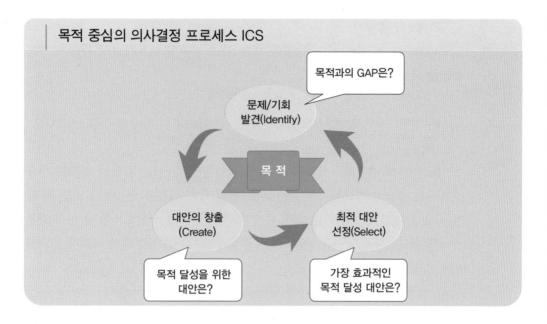

지금부터는 의사결정 각 단계마다 목적을 어떻게 적용할 수 있는지를 사례를 통해 설명을 하고, 의사결정 각 단계마다 유용하게 사용할 수 있는 경영 기법들을 소개할 것이다. 소개되는 기법을 독자 여러분의 경험과 통찰력과 결합하여서 현장에서 목적 체계에 부합하는 효과적인 의사결정을 내릴 수 있는 적용 역량을 키울 수 있기를 바란다.

03 　》 문제/기회의 발견

목적이 이끄는 리더십(Purpose Driven Leadership) 모델의 첫 번째 단계는 문제 또는 기회를 정확히 발견하는 것으로 시작한다. 중요한 판단과 결정을 내리기 위해서는 정확한 문제의 인식이 먼저 있어야 하기 때문이다. 특히, 현재의 도전적 상황들이 조직이 갖고 있는 목적 체계에 맞지 않기 때문에 발생한 것이 아닌지 여부를 우선적으로 검토를 해야 한다.

목적과의 갭 분석

이해를 돕기 위하여, K 병원의 의료 사고 사례를 검토하면서 다음과 같은 질문을 해보자.

- K 병원은 어떤 목적 체계를 갖고 있는가?
- K 병원의 목적 체계는 의료사고가 일어난 현장의 실제 관행과 어떤 갭이 있는가?

"K 병원에서는 의사의 실수로 위암 환자는 갑상선을, 갑상선 환자는 위를 잘라내는 황당한 의료사고가 일어났다. 병원 측은 이들이 회복실에 있을 때 잘못 시술한 사실을 알고 이날 오후 다시 마취시킨 뒤 한꺼번에 복원 및 진짜 환부를 시술했다. 사고 원인은 마취 후 수술실로 들어가는 과정에서 차트가 뒤바뀌면서 일어난 사건이었다."

K 병원 홈페이지에는 다음과 같이 목적 체계를 소개하고 있다.

- 미션: 생명존중을 바탕으로 인류의 건강과 행복을 실현한다.
- 비전: 가족 같은 사랑으로 신뢰받는 세계적 수준의 의료원
- 핵심가치:
- 고객 중심: 우리는 고객들에게 행복과 기쁨을 주기 위해 항상 환자 중심적인 통합의료서비스를 끊임없이 추구한다.
- 인성 중심: 우리는 서로 신뢰하고 협조하면서 민주적이고 합리적인 절차에 따라 책임 의식을 가지고 실천하는 조직문화를 추구한다.
- 창의적 연구: 우리는 의학 발전과 국민 건강을 위하여 창의적인 학술연구에 지속적인 노력을 기울인다.
- 봉사 정신: 우리는 올바른 의학 정보와 지식을 기초로 지역사회에 봉사하여 지역주민이 건강하고 행복한 삶을 누릴 수 있도록 최선의 노력을 경주한다.

K 병원의 목적 체계에 비추어 보면, 병원에서 발생한 의료 사고를 유발한 잘못된 관행들이 다음과 같이 목적 체계와의 갭이 있음을 발견할 수 있다.

Purpose 관점	환자 확인 절차가 생명 존중이라는 목적을 달성할 수 있는 수준으로 구축되어 있지 않음.
Values 관점	의사의 실수를 방지할 수 있는 환자 중심의 통합 의료 서비스가 작동하지 않았음.
Principles 관점	의료진이 책임의식을 가지고 실천하는 조직 문화가 정착되지 않았음.
Goal 관점	의료 사고를 방지할 수 있는 시스템이 세계적 수준의 의료원에 미치지 못함.

이와 같이 문제의 원인을 목적 체계에 비추어 찾아가게 되면 현재의 관행들의 근본적 문제점을 찾을 수 있고 창의적인 솔루션들을 찾아갈 수가 있다.

이렇게 문제의 원인이 목적 체계 자체보다는 현장의 관행들에 있다고 판단이 된다면, 이러한 질문을 가져야 한다. "왜 조직의 목적 체계가 현장에서는 작동하지 않을까?"

때론 목적 체계 안에 상호 모순되는 원칙들이 있을 수가 있다. 그러나, 대부분의 경우는 현장의 리더들이 목적이 이끄는 리더십을 제대로 갖추지 않았기 때문이다. 만일에 K 병원의 의료진들이 목적 체계를 확고히 이해하고, 그 원칙과 가치를 결코 타협하지 않는 리더, 즉 목적이 이끄는 리더십을 갖춘 현장 리더가 있었다면, 의료 사고와 같은 위기는 결코 일어나지 않았을 것이다.

그래서, 의사결정을 할 때는 목적 체계에 부합하는지 여부를 놓고 치열하게 고민하는 내부 절차가 있어야 한다고 생각한다. 또한, 현장 리더들이 목적 체계에 대한 이해도가 높아지도록 경영진이 노력을 한다면, 사업 현장에서도 목적에 부합하는 올바른 의사결정을 할 수 있게 될 것이다.

목적 체계에 대한 경영진의 실천 노력을 단적으로 보여줄 수 있는 예가 있다. SK 그룹 회장은 2019년 한 해에 회사의 목적에 대한 설명을 하기 위해 구성원들과 행복 소통이라는 주제로 미팅을 한 횟수가 100번이라고 한다. 여기에 CEO와 임원들이 각 조직별로 행복을 주제로 소통한 횟수까지 합한다면 SK 그룹의 목적 체계에 대한 경영진의 강력한 추진 의지를 확인할 수가 있을 것이다.

문제 인식 기법

지금부터는 문제의 원인을 목적 중심으로 점검을 할 때 함께 적용하면 유용한 대표적인 문제 인식 기법들을 간단히 소개를 하려고 한다.

빙산 모델(Iceberg Model)

먼저 문제를 파악하는 데 유용하게 적용이 될 수 있는 빙산 모델을 소개하려고 한다. 겉으로 보이는 현상보다 우리는 그 내면에서 더 중요한 원인을 찾아낼 수 있다. 어떤 현상이나 현재의 이벤트는 패턴이 있고, 패턴을 일으키는 구조적인 요인이 있고 그 뒤에는 사람들의 심리적 모델(Mental Model)이 있다고 보는 것이다.

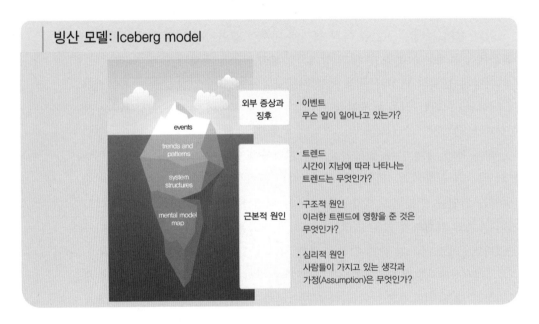

문제나 새로운 기회의 상황이 발생하면 가장 먼저 보이는 현상을 우리는 외부 증상과 징후라고 한다. 단순한 하나의 사건(event)이 아니고 지속적으로 동일한 문제가 발생하거나 더 큰 리스크를 가지고 있는 상황이지만 쉽게 표면적으로 나타나지 않아 그 징후를 감지하지 못하는 경우가 많다. 그래서 우리는 문제/기회의 증상과 원인을 모두 파악하여야 한다.

근본적 원인을 알아보기 위해서는 다음과 같은 사항들을 점검해 본다.

- 이 상황이 또 있었는지, 계속 또 그럴 수도 있는 것인지를 파악하는 것이다. 이 것을 트렌드 분석이라고 한다.
- 그 트렌드에 영향을 준 것은 무엇인지 찾는다. 습관이나 행동 방법, 태도, 프로 세스 등과 같은 구조적 원인이 있는 것은 아닌지 점검한다.
- 그런 구조와 트렌드를 만들게 된 보다 근본적인 원인은 사람의 의식에서 비롯 된다. 현재 사람들이 가진 가치, 생각, 경험, 가정, 추측 등 심리적 원인으로 인 한 것은 아닌지를 점검한다.

이 세 가지를 빠르게 파악할 수 있다면 표면적 증상과 징후에 대한 보다 근 본적 대응책을 세울 수 있을 것이다.

아래 소개하는 사례에 빙산 모델을 적용하여 근본적 원인을 파악하는 방법 을 이해해보자.

한 회사의 신규 소프트웨어 제품 출시가 개발팀을 통해 완료가 되었고 고객 에게 판매되기 시작하였다. 그런데 이 소프트웨어에 몇가지 중요한 버그가 발생 하였는데 기존 고객의 이탈이 생각했던 것보다 심하게 나타나게 되었다.

이 회사의 문제의 근본 원인을 파악하기 위해서는 빙산 모델에서 설명한 것 처럼 트렌드, 구조적인 문제, 심리적인 상태에 대한 분석을 통해 얻을 수 있다. 빙산 모델을 순차적으로 적용해보자. 기능에 버그가 있다는 것이 외부 증상이었 다고 하면, 이런 버그 현상이 반복적으로 일어나고 있는 트렌드가 있음을 발견 하게 된다. 그리고 이러한 트렌드는 출시 전에 기능 테스트를 거치지 않는다는 구조적 원인을 찾게 된다. 그렇게 된 근본 이유는 경쟁사와의 출시 일정 경쟁에 뒤처질 수 있다는 압박감이라는 심리적 요인이 있다는 것을 발견하게 된다. 이 런 과정을 거치게 되면, 기능상의 하자가 있다는 문제의 근본 원인은 출시 경쟁 으로 인한 압박감으로 좁혀지게 되는 것이다. 그러면 이를 해결할 수 있는 솔루 션의 방향성도 여기에 맞춰 정해질 수 있게 될 것이다.

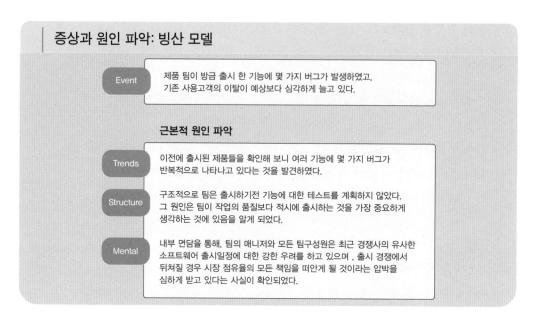

증상과 원인 파악: 빙산 모델

Event

제품 팀이 방금 출시 한 기능에 몇 가지 버그가 발생하였고,
기존 사용고객의 이탈이 예상보다 심각하게 늘고 있다.

근본적 원인 파악

Trends

이전에 출시된 제품들을 확인해 보니 여러 기능에 몇 가지 버그가
반복적으로 나타나고 있다는 것을 발견하였다.

Structure

구조적으로 팀은 출시하기전 기능에 대한 테스트를 계획하지 않았다.
그 원인은 팀이 작업의 품질보다 적시에 출시하는 것을 가장 중요하게
생각하는 것에 있음을 알게 되었다.

Mental

내부 면담을 통해, 팀의 매니저와 모든 팀구성원은 최근 경쟁사의 유사한
소프트웨어 출시일정에 대한 강한 우려를 하고 있으며 , 출시 경쟁에서
뒤쳐질 경우 시장 점유율의 모든 책임을 떠안게 될 것이라는 압박을
심하게 받고 있다는 사실이 확인되었다.

구조적 사고(System thinking)

일상 생활에서 우리는 복잡계 시스템(Complex system)에 둘러싸여 있다. 복잡계 시스템은 많은 부분이 서로 상호작용하여 영향을 미치는 시스템이다. 한 가지 예는 대도시의 교통 체증이다. 자동차는 서로 상호작용하여 사고나 교통 체증으로 이어질 수 있다. 신호등, 횡단 보도 및 건설 현장이 자동차와 상호작용한다. 그들은 교통 흐름의 방법과 위치에 영향을 미칠 수 있다. 하나의 신호등 주기를 약간만 변경하면 넓은 지역의 교통 흐름에 중대한 영향을 미칠 수 있다.

이러한 복잡계 시스템에서 발생하는 문제를 파악하고 근본원인을 찾아내기 위해서는 다음과 같은 3가지 특징을 파악해야 한다.

- 시스템을 구성하는 요소나 구성원인 에이전트(Agent)
- 에이전트 간의 상호작용(Interaction)
- 상호작용의 결과로서 발생하는 창발 현상(Emergent Properties)

창발 현상(Emergent properties)으로부터 상호작용을 일으키는 에이전트들을 찾아낼 수도 있고, 에이전트들을 파악하고 상호작용을 검토하여 창발 현상을 찾아볼 수도 있다.

구조적 사고는 이러한 복잡계 시스템의 3가지 특징을 이해하고 상호작용을 찾아내어 문제와 원인을 명확화하는 방법이다.

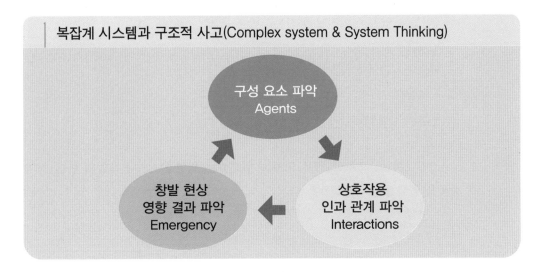

구조적 사고를 통하여서 문제와 원인을 이해하는 방법을 다음과 같은 사례에서 살펴보자.

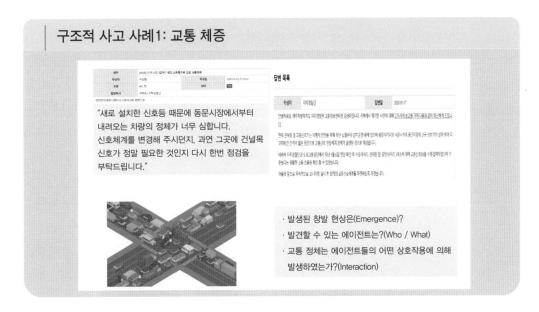

여기에 소개된 사례는 2020년 제주 도지사 홈페이지의 민원 소통 룸에 올라온 내용이다. 새로운 신호등이 설치되었는데 이전에 없던 교통 정체가 발생하기 시작했다. 운전자의 불만이 발생하면서 한 제주도민이 민원을 제기한 상황이다.

이 사례 속에 민원으로 제기된 교통 정체는 복잡계 시스템의 에이전트들 간의 상호작용때문에 발생한 창발 현상이다. 그러면, 여기서 교통 정체의 인과관계를 만들고 있는 에이전트를 찾는다면 누구 또는 무엇일까?

- 교통 신호기
- 정체 시간 운전자들
- 보행자
- 교통 부서 담당자

그렇다면 이 도로의 교통 정체를 일으키는 원인은 에이전트들의 어떤 상호 작용을 통해 발생되었을까?

- 보행자의 안전에 대한 요구에 교통 담당부서의 결정으로 교통 신호기 설치
- 새로 설치된 교통 신호기 상황을 인지하지 못한 운전자
- 운전자 간의 간격이 줄고 브레이크 작동 시간이 증가함
- 교통 담당부서는 같은 시간 충분히 운전자의 밀집도를 파악하지 못함

구조적 사고를 통하여 교통 체증의 원인은 갑자기 설치된 교통 신호기가 운전자의 밀집도를 고려하지 못해 운전자들 간의 상호작용에 혼란을 만들었기 때문이라는 것을 알게 되었다.

이번 사례를 통해서 이해할 수 있는 것은 어떤 결과가 나오기까지는 복잡계의 환경에서 다양한 에이전트들의 상호작용이 원인이 된다는 것이다. 그래서, 문제 상황에서 올바른 솔루션을 찾아내기 위해서는 문제에 가장 영향을 미치고 있는 에이전트와 그 상호작용을 발견해 낼 수 있어야 한다.

다음의 사례에 구조적 사고를 적용해보자.

최근 의료사고가 심각하고 빈번하게 일어나고 있다. 2가지 사례를 들어보자.

사례1. 서울 강서구의 한 산부인과에서 간호사 B씨는 분만실 침대에 누운 C씨에게 기본적인 환자 확인 절차도 거치지 않고 영양 수액 대신 수면 마취제를 투여했다. 이후 C씨가 잠이 든 이후 분만실을 찾은 의사 A씨도 환자 확인 절차를 시행하지 않은 채 그대로 낙태수술을 한 것으로 확인됐다.

사례2. Y 병원이 보내온 다른 환자의 유방암 조직검사 결과를 토대로 S 병원이 멀쩡한 환자 가슴을 절제한 사건도 있었다. Y 병원 임상병리사가 다른 유방암환자의 조직에 해당 환자의 이름을 붙이는 실수를 저지른 결과였다.

위의 사례를 읽고 다음의 질문에 답해 보자.

- 사례 속에서 발견되는 반복되는 창발 현상은 무엇인가?

- 의료 사고의 패턴을 유발하고 있는 에이전트는 무엇인가?
- 그리고 가장 큰 영향을 주고 있는 에이전트의 상호작용을 찾아 보자.

앞서 소개한 교통 정체 사례와 의료 사고를 구조적 사고 방법을 적용하여 에이전트, 상호작용, 창발 현상을 찾는다면 다음과 같이 정리할 수가 있겠다.

구조적 사고를 통한 원인 분석

- **발생된 창발 현상(Emergence)은?**
  - 극심한 교통정체
- **교통정체 상황에 관계된 에이전트는?(Who / What)**
  - 차량 운전자, 교통부서 담당자, 주변 교통신호기
- **교통정체 현상을 만들게 된 에이전트들의 상호작용은 무엇이었나요?(Interaction)**
  - 주변 교통신호기들이 짧은 간격으로 설치되어 정차와 출발 간격의 누적 효과 발생.
  - 주변 상황과 이동 차량의 수량이 고려되지 않음

- **발생된 창발 현상(Emergence)은?**
  - 반복적으로 발생하는 의료사고
- **의료 사고 상황에 관계된 에이전트는?(Who / What)**
  - 의사, 간호사, 진료기록 차트, 환자
- **에이전트들의 상호작용은 무엇이었나요?(Interaction)**
  - 환자의 진료기록 차트를 정확하게 확인하지 않는 절차적 오류
  - 간호사와 의사 간에 의사소통 오류

에이전트 기반 모델(Agent Based Model)

현상을 만드는 요소나 구성원들을 에이전트라고 하였다. 이러한 에이전트들의 상호작용을 시뮬레이션하여 특정한 현상이나 패턴이 발생하는 과정을 발견해 문제의 원인과 솔루션을 찾아내는 것을 에이전트 기반 모델(Agent Based Model)이라고 부른다.

일상 생활에서 우리를 둘러싸고 있는 복잡계 시스템은 많은 부분이 서로 상호작용하고 영향을 미치고 있다는 것을 앞서 설명하였다. 앞서 설명한 교통 체증의 문제를 이해하는 데에 에이전트 기반 모델로 접근할 수가 있다.

상호작용을 일으키는 에이전트들은 개별 자동차, 교통 표지, 횡단 보도 및 건설 현장 등이 있다. 특정 거리의 교통 흐름을 계산하는 방정식을 작성하려면 거의 불가능하다. 모든 상호작용을 분석 방정식에 통합하는 것이 어렵기 때문이다. 그러나 각 개별 자동차의 동작은 모델링하기 쉽다. 그것은 앞의 차와 교통 표지에 따라 엄격한 규칙을 따르기 때문이다. 여러 개별 자동차의 움직임을 정

확하게 시뮬레이션할 수 있다면 러시아워 동안 특정 지점에서 교통 표지판 변경의 영향을 예측할 수 있다. 이것이 에이전트 기반 모델링의 아이디어이다.

에이전트 기반 모델의 중요한 부분은 에이전트 간의 상호작용이다. 예를 들면 교통 시뮬레이션의 경우 현재 에이전트 앞에 있는 자동차가 너무 가까이 있으면 브레이크를 밟고 감속하는 반응을 시뮬레이션에 반영하는 것이다.

에이전트 기반의 도시 교통 모델이 있다면 제한 속도 변경이 러시아워에 교통 체증에 어떤 영향을 미치는지 조사할 수 있다. 이를 바탕으로 다양한 시나리오에 대한 최적의 정책을 찾을 수 있다. 바이러스 감염 확산에 대한 정확한 모델이 있으면 의사결정자가 적절한 조치를 찾는 데 도움이 될 것이다. 예를 들면 학교를 폐쇄하거나 비행기를 취소하는 것이 질병의 확산을 방해하는 데 효과적인지 연구할 수 있다. 이렇게 에이전트 기반 모델을 활용하게 되면 현장에서 발생하는 다양한 문제 상황을 분석해 볼 수 있다.

에이전트 기반 모델을 현장에 활용한 대표적 예를 두 가지 소개해보자.

- 메이시 백화점에서는 특정 상품을 어디에 배치하였을 때 소비자의 구매 행동이 어떻게 변할지를 예측하는 데 활용
- 미국 증권 거래소에서는 거래 수수료를 조정하였을 때 증권 거래에 어떤 영향을 미칠 것인지를 예측하는 데에 적용

이와 같이 에이전트 기반 모델은 복합적인 에이전트에 의해 발생할 수 있는 행동을 검증하고 적절한 조치를 취하는 데 도움을 줄 수 있는 것을 목표로 한다.

5 WHYS 기법

5 WHYS는 문제의 근본 원인에 대한 통찰력을 얻기 위한 간단한 접근 방식이다. 먼저 문제를 정의한 다음 'Why'를 질문하여 첫 번째 직접 또는 즉각적인 원인을 찾는다. 일반적으로 첫 번째 이유에 대한 초기 답변은 더 깊은 원인의 결과이므로 두 번째, 세 번째 및 네 번째로 계속하여 Why를 질문하게 되면 조금씩 더 깊이 있게 문제의 근본 원인을 식별할 수가 있게 된다. 5는 명목상의 숫자이다. 실제로 질문은 답변이 통제할 수 없거나 아주 사소해질 때까지 계속되어야 한다. 5 WHYS는 더 광범위한 조사 또는 프로세스의 일부로 사용하거나 단독으로 사용할 수 있다. 비교적 간단한 프로세스이며 작업 현장의 개인 또는 작업 팀에서 사용할 수 있다. 간단히 실행 방법을 요약하면 다음과 같다.

5-WHY의 실행 방법

1. 문제를 확인한다.
2. 스스로에게 물어본다: 왜 이런 일이 일어 났는지 생각할 수 있는 모든 원인을 생각해 본다.
3. 방금 확인한 각 원인에 대해 "왜 이런 일이 발생 했습니까?"라고 질문한다.
4. 다시 2 단계와 3 단계를 반복한다. 이 과정에서 근본 원인을 식별한다.

아래 사례를 통하여 5 WHYS 기법의 적용을 이해해보자.

A사는 매출이 점점 줄어드는 상황에서 마케팅 부서에 조금 더 영업 활동을 강화할 것을 요구하였다. 그러나, 영업 담당자는 전화 마케팅에 제한적인 시간만을 활용하고 있어서, 그 원인이 무엇인지를 컨설턴트와의 인터뷰를 통해 찾으려고 한다. 그래서, 다음과 같이 5-WHY 기법을 적용하여 질문을 이어갔다.

- 영업 담당자: "현재 아웃 바운드 영업 전화를 걸 시간이 충분하지 않습니다."
- 컨설턴트: "시간이 부족한 이유는 무엇입니까?"
- 영업 담당: "지금 서류 작업에 더 많은 시간을 투여해야 하기 때문이다."
- 컨설턴트: "서류 작업에 더 많은 시간을 소비하는 이유는 무엇입니까?"
- 영업 담당자: "우리 관리 직원 중 4명이 몇 달 동안 공석이었습니다."

위 사례에서 보여주는 것처럼 단지 두 번의 WHY 질문을 통해서 전화 마케팅을 적극적으로 하지 않는 이유가 업무 태만의 문제가 아닌 장시간 계속된 인력 부족 문제가 원인임을 알 수가 있게 됐다. 추가적인 WHY 질문을 통해 더 근본적인 원인도 찾을 수 있을 것이다.

물고기뼈 모델(Fishbone Diagram)

1943년 도쿄 대학의 Kaoru Ishikawa는 "Fishbone Diagram"을 만들었다. 물고기뼈 모델은 "원인 및 결과" 모델이라고도 한다. 이 모델은 문제를 수정하거나 또는 문제의 근본 원인을 발견할 때 유용하게 사용된다. 또한 이 모델은 문제해결 도구로써 근본 원인을 평가하고 효과적으로 해결책을 찾으려고 할 때 유용하다. 이 모델을 통해 실제 문제를 더 깊이 파고들 수 있다.

물고기뼈 모델 Fishbone Diagram

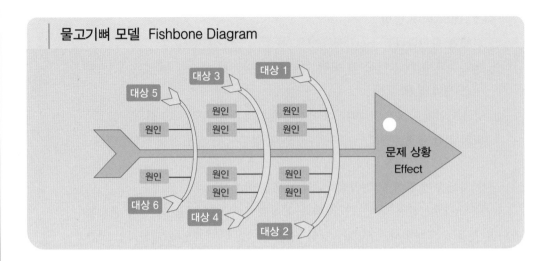

물고기뼈 모델은 다음의 순서로 적용할 수 있다.

1. 문제 상황(problem statement, 'effect'라고도 함)을 정의한다. 이것을 "물고기"
   의 입에 기록한다. 문제에 대해 최대한 명확하고 구체적으로 작성한다.
   솔루션 측면에서 문제를 정의하는 것이 중요하다.
2. 문제의 주요 원인이 될 대상을 결정하여 물고기 뼈의 분기를 만든다. 분
   기점의 주요 대상에는 구조적 사고에서 설명한 관련 에이전트들이 주로
   포함이 된다.
3. 문제의 가능한 모든 원인을 논의한다. "왜 이런 일이 발생하는가?"라는
   질문으로 대답들을 찾은 후에 적절한 대상의 분기점마다 적어 넣는다. 원
   인이 여러 대상과 관련된 경우 여러 위치에 기록될 수 있다.
4. 5 WHYS에서 설명한 것처럼 다시 "왜 이런 일이 발생하는가?"라고 묻는
   다. 각 원인에 대해 원인 가지에서 분기되는 하위 원인을 작성한다.
5. 계속해서 "왜?"라고 묻는다. 더 깊은 수준의 원인을 파악하고 관련 원인
   또는 대상에 따라 계속 추가로 가지를 쳐 나간다. 이렇게 하면 근본 원인
   을 파악하고 해결하는 데 도움이 된다.

이러한 물고기 뼈 모델은 5 WHYS 기법과 유사하지만 물고기 뼈의 여러 개
의 분기점과 같이 처음부터 서로 다른 원인들을 함께 검토하기 때문에 다음과
같은 상황에서 더 효과적이라고 할 수가 있다.

- 문제의 원인이 서로 다른 다양한 대상에서 발생한 경우

- 보다 큰 조직과 시스템에서 일어나는 복합적인 문제 상황일 경우

아래 도표의 예시를 보면 매출 청구서(Invoice)가 잘못 발행되는 다양한 원인을 프로세스시스템 측면, 장비 측면, 인적인 측면 등에서 찾아낼 수가 있다.

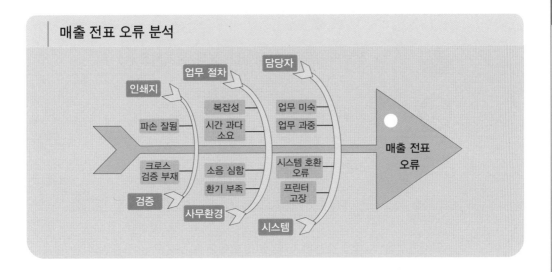

문제/기회의 우선순위

앞서 설명한 다양한 경영 기법들을 통해서 문제의 원인을 파악하는 역량이 생겼다고 하면, 이제는 파악된 문제/기회의 상황들에 대해 어느 것을 먼저 해결해야 하는지 우선순위를 정해야 한다.

조직 내에서 문제 상황을 충분히 분석하여 대안을 도출하기 위해서는 비용, 시간, 노력, 자원 등이 투입된다. 그리고, 이런 것들은 현실적으로 제약 조건이 되기도 한다. 따라서, 문제/기회의 우선순위를 정할 때에는 조직이 갖고 있는 제약 조건이 무엇인지도 동시에 고려되어야 한다. 제약 조건 때문에 현실적이지 않은 대안은 조직의 리스크나 비효율성을 더 키울 수 있을 것이다. 중요한 것은 의사결정을 제약하는 요인이 무엇인지 신속하고 정확하게 판단하는 것이 효율성과 실행 가능성을 높일 수 있을 것이다. 제약 요인의 예를 들어보자.

- 정보가 빈약하거나
- 실행 자원이 부족한 경우
- 대안을 제시하고 실행할 수 있는 기한의 제약

위와 같은 제약 요인이 있을 경우 효과적인 의사결정을 방해하거나 실패하는 경우가 많다. 그래서, 문제/기회의 우선순위를 파악하는 단계에서는 반드시 문제 해결의 제약 요인이 무엇인지를 적어도 3가지 관점에서 파악해야만 된다.

의사결정의 제한 조건(Decision Restrictions)

- 정보의 부족(시장 데이터, 정책, 통계자료 등)

- 시간의 제한

- 리소스의 제약(비용, 사람)

의사결정을 하기에 충분하지 않은 정보에도 불구하고 결정을 내리는 경우가 있다. 휴리스틱스 편견에 빠질 때 일어나는 현상인데 의사결정자가 자신의 경험이나 지식만으로 판단을 내리게 되는 경우이다. 확증 편향, 과잉 확신 같은 편견들에 영향을 받을 때도 일어난다. 그러므로 충분한 정보가 수집되어 있는 지 여부는 이해관계자의 의견을 종합해서 판단하는 프로세스가 갖추어야 할 것이다.

문제에 대해 너무 단기적이나 장기적인 시간 프레임을 갖고 의사결정을 할 때에도 올바른 판단을 할 수가 없다. 단기적 목표를 마일스톤처럼 정해서 이를 통해 장기적 계획을 세우는 방향으로 시간 관리를 해야 할 것이다.

리소스의 제약도 자기의 조직 한계 안에서만 생각할 때에 회사 차원의 기회를 놓칠 수 있다. 의사결정의 결과에 영향을 받을 관련 이해관계자가 갖고 있는 리소스를 총괄적으로 검토하고 협력할 수 있는 부분은 리소스 풀을 조성하는 것이 최대의 효과를 얻을 수 있을 것이다.

어느 조직이던지 이와 같이 제약 조건하에서 경영을 하기 때문에, 의사결정을 해야 하는 문제/기회 상황들은 해결의 우선순위가 늘 존재한다. 우선순위가 낮은 상황일 경우 의사결정을 빨리 내리기보다는 정보수집을 추가로 해야 하는 것도 있을 수 있다.

이렇게 동시에 여러가지 문제에 직면해 있을 때에, 문제의 우선순위를 결정

하는 기법으로 긴급성(Urgency)과 영향력(Impact) 두 가지 요소를 매트릭스로 놓고
판단하는 방법이 있다.

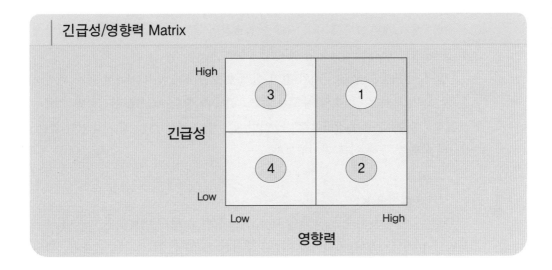

긴급성/영향력 Matrix

이와 같은 매트릭스 위에 문제들을 배치(Mapping)하여 본다면 긴급성/영향력
의 수준이 H/H〉L/H〉H/L〉L/L로 우선순위를 둘 수 있게 된다. 긴급성보다 영향
력에 더 우선순위를 두는 것이 조직의 성과에 더 기여할 수 있기 때문이다.

긴급성(Urgency)과 영향력(Impact) 모두 낮은 4번 상황일 경우에는 의사결정을
바로 하기보다는 이와 관련된 추가 정보를 수집하는 것이 투입되는 자원들의 낭
비를 줄일 수 있을 것이다.

목적 관점 문제 원인 발견 실습

지금까지 목적이 이끄는 리더십(Purpose Driven Leadership)의 첫 번째 단계인
문제/기회의 원인을 정확히 발견하는 방법을 설명하였다. 제일 우선적으로 점검
해야 하는 것은 조직이 부닥친 도전적인 상황이 조직의 목적 체계와 어떤 Gap
이 있는지를 분석하는 것이라 하였다. 그리고 추가적으로 대표적인 문제 인식
기법들을 살펴보았다.

- 빙산 모델(Iceberg model)
- 구조적 사고(System thinking)
- 에이전트 기반 모델(Agent based model)
- 5 WHYs 기법
- 고기뼈 모델(Fishbone diagram)

또한 정보, 시간, 리소스와 같은 제약 조건하에서는 문제/기회의 해결 우선순위를 정하여야 하는데 여기에 활용할 수 있는 긴급성/영향력 매트릭스를 소개하였다.

아래에 소개된 H사의 사고 사례를 검토하여, 목적이 이끄는 리더십의 1단계인 문제/기회 발견의 적용 실습을 진행해보자.

앞서 설명한 K 병원 사례와 같이 실제 현장에서는 목적 체계에 따라 해결안을 찾아내기보다는, 미래의 불확실성, 또 긴급한 상황 때문에 임기응변적인 의사결정을 하는 경우가 왕왕 생긴다. 이럴 때 나쁜 의사결정이 될 가능성이 높다. H사의 사례를 통해 이를 확인해보자.

H사의 문제 상황

H사의 아파트 신축 공사장 붕괴사고는 옥상 층 바로 아래층의 바닥이 붕괴되면서 16개 층 이상의 외벽이 파손·붕괴된 사고다. 이 사고로 근로자 6명이 죽고 1명이 다쳤다. 국토 교통부의 조사 결과가 붕괴사고의 원인이 무단 구조변경, 콘크리트 품질관리 소홀, 감리 소홀로 밝혀졌다.

H사는 광주 아파트 붕괴 사고로 큰 어려움을 겪게 되었다. 사고 원인 및 책임소재와 관련해 현장 소장 등 3명이 구속되고, 대표 등 6명이 불구속 송치됐다. 기업의 브랜드 이미지가 손상하고 진행 중인 프로젝트에도 부정적인 영향을 미쳤다.

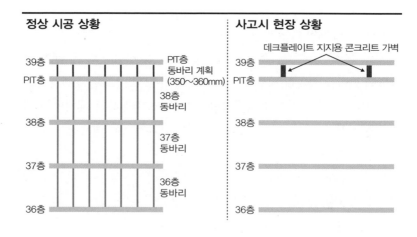

무단 구조변경을 나타낸 그림. 출처: 조선Biz

건축 구조 및 시공 안전성 측면의 사고원인을 보면, 바닥 시공방법 및 지지 방식을 당초 설계도와 다르게 임의 변경하였다. 한편 붕괴 건축물에서 채취한 콘크리트는 설계기준 강도의 85% 수준에 미달하여, 철근과 부착 저하를 유발하였고 붕괴 등에 대한 건축물의 안전성 저하로 이어졌다.

H사는 핵심가치라는 이름으로 회사의 목적 체계를 명확하게 정해 놓았다. 핵심 가치로는 정도 경영, 실행, 혁신, 독창성, 고객 중심, 통찰, 열정 등 7가지를 강조하였다. 이 중에서 관련 있는 핵심 가치 두 가지는 다음과 같이 정의를 하였다.

- 정도 경영: 원칙에 따라 바르게 생각하고 행동한다.
- 고객 중심: 우리의 가치는 고객의 행복으로부터 나온다.

다음과 같은 질문을 통해서 H사는 목적이 이끄는 리더십에 어떤 문제가 있는 지를 점검해보자.

- H사가 겪게 되는 도전적 상황이 H사의 목적 체계와 어떤 갭이 있는가?
- 그 갭을 앞서 소개한 문제 인식 기법으로 분석 시 어떤 근본 원인이 있는가?
- H사의 목적 체계가 왜 현장에서는 제대로 작동이 안 되었는가?

04 >> 대안의 창출

목적이 이끄는 리더십 모델의 두번째 단계는 분석을 완료한 문제/기회의 상황을 해결하기 위해 대안을 창출하는 단계이다. 앞의 단계에서 우리는 다른 사람들이 쉽게 보이지 않던 수면 아래의 근본적 원인까지 분석하였기에 다양한 관점으로 문제를 해결하거나 기회를 잡을 수 있는 대안을 창출해야 한다.

목적이 이끄는 리더십에서는 대안을 창출할 때에도 목적을 달성하기 위해서는 무엇을 해야하는가를 고민해야 한다. 이렇게 해야 명확한 목표를 두고 창의적인 대안들을 도출할 수가 있기 때문이다.

목적에 적합한 대안 찾기

목적 체계에 적합한 문제의 최적 대안을 찾는 과정을 저자가 경험한 두 가지 사례를 가지고 설명을 하려고 한다.

원격 검침 도입 사례

도시가스 사업의 중요 업무 중 하나가 가스 사용량을 정확히 계량하는 것이다. 소비자들이 자가 점검을 하기도 하지만 부정확하고, 검침 담당자들이 가가호호 방문하다 보면 부재자도 많고, 폭력에도 노출되는 어려움을 겪게 된다. 그래서, 원격 검침을 하는 것이 업계와 정부의 염원인데도, 장비 도입 비용과 고용의 문제가 겹쳐 진도가 나가지 않고 있다.

이런 상황 중에 사업 권역 안에서 원격 검침을 제공하고 있는 A 업체가 등장하였다. 영업 팀은 잠재적 경쟁자가 될 A 업체를 막을 대안들을 검토하였다.

- 1안) A 업체와 계약한 소비자의 검침을 별도로 계속 진행하여 경쟁자의 추가 활동을 견제한다
- 2안) 협의 없이 독점적 사업 권역 안에서 사업을 한 것에 대하여 사업권 침해로 법적 소송 제기
- 3안) A 업체의 추가적인 시장 진입을 막기 위해 자체적 원격 검침 서비스 제공

그러나, 이러한 대안을 결정하기 전에, 회사가 속한 SK 그룹의 목적인 "이해관계자의 행복 추구"에 적합한 대응 방안을 찾기 위하여 다음과 같은 추가적인 의논을 하게 되었다.

- A 업체를 고객이 선택하였다면 A 업체는 고객의 행복에 기여하는 점이 있다.
- 우리 검침 담당자들도 A 업체의 서비스를 채용하면 업무 환경 개선이 되어 행복 수준을 높일 수 있다.
- A 업체의 원격검침 서비스는 검침 정확도가 아직 부족해서 시장 확대에 한계가 있다.

이러한 논의의 결과, 위에서 보여준 단기적 대응 방안들은 이해관계자의 행복 추구라는 SK의 목적과 일치하지 않다고 판단하였다. 그래서 논의 끝에 다음과 같은 추가적인 대안을 찾게 되었다.

- A 업체에 기기의 정확도를 높이기 위한 기술 개발을 위해 투자 지원을 해준다.

- 우리 회사가 제품 특허권을 갖고 A 업체는 일정량의 생산을 할 수 있는 권리를 갖게 한다.
- 우리 회사가 제품의 유통 및 서비스를 제공하는 권리를 갖는다.

결과적으로 이러한 과정을 통해서 상용화된 제품이 바로 이 BTS-250이라는 RF 송수신기이다. 검침이 어렵고 위험한 장소에 우선적으로 도입을 하였고 1년 만에 2만대가 설치되었다. 이제는 다른 도시가스들도 도입하기 시작해서, 지능형 계량기라는 최종 목표까지 중간다리 역할을 해줄 것으로 기대를 하고 있다.

이해관계자 모두가 행복할 수 있게 된 이러한 결과는, 경쟁자에 대해 시장 방어적 대응이 아닌 회사의 목적에 적합한 대안을 찾기 위한 노력이 있었기 때문에 가능하였던 해결안이었다.

52시간 근무제 도입 사례

정부의 52시간 근무제 도입으로 인해 회사들은 인력 운영에 전례가 없는 큰 도전을 받게 되었다. 그동안 초과 근무 시간의 융통성을 활용하여 회사는 인력을 늘리지 않아도 되었고, 구성원은 추가적인 수당을 통해 금전적인 혜택을 얻을 수 있었다.

그런데, 예외 없는 52시간제 적용으로 인해 추가적인 인력 채용이 불가피하게 되었고, 구성원들도 수입의 감소를 감내해야 하는 어려움이 발생을 하게 되었다. 물론 이런 문제가 발생한 근본적 원인은 장시간 누적되어 왔던 기형적인 임금 보상 체계에 기인한 것이다. 그러나, 단시간에 이 문제를 해결하기 위해서는 우선 두 가지가 해결되어야 했다.

- 52시간 근무를 확실하게 지킬 수 있게 하는 근무 시간 관리 시스템 구축
- 52시간을 초과 하는 업무들을 처리할 수 있는 추가적인 인력의 확보

시스템 구축은 인력 시스템 업그레이드를 통해서 준비할 수 있지만 인력 추가 채용이 문제였다. 인력을 정규직으로 채용 시에 인건비가 15% 이상 증가하는 부담도 있지만 경영이 어려워 졌을 때 인력 감축의 부담도 추가 채용한 만큼 같이 늘기 때문이다. 노조는 줄어드는 초과 근무 수당도 불만이었고 정규직 인력을 늘려서 52시간을 맞추기를 원했다. SK의 경영 목적에는 이해관계자의 행복 추구가 핵심인데, 52시간 근무제로 인해 이해관계자 모두가 불편해지는 상황을

맞게 된 것이다.

52시간 근무제 도입의 이슈에 대해 이해관계자의 행복 추구라는 SK의 목적에 적합한 해결 대안은 무엇인지를 계속 고민하면서 다음과 같은 기본적인 원칙을 세웠다.

- 구성원은 경쟁력 있는 일자리를 지속적으로 제공받아야 한다.
- 고용의 안정성을 위해 추가적인 비용의 증가를 최소화해야 한다.

그리고, 노조와의 1년간에 걸친 협의 과정을 통해서 해결방안을 찾았다. 그것은 정년 퇴직을 했거나 예정인 구성원들을 단기 근무자로 재채용하여 추가 업무를 담당하게 하는 것이었다. 구성원들은 퇴직 후에도 일할 수 있는 기회가 생겨 일자리의 안정성이 더 높아졌고, 회사는 단기 근무제를 도입하여 융통성 있는 인력운영의 기회를 얻게 되었다. 결국은 목적 체계를 적용하려는 노력을 통해서 이해관계자 모두가 만족할 수 있는 대안을 갖게 된 것이었다.

SK 그룹의 "이해관계자의 행복 추구"라는 목표는 이렇게 고객과 구성원은 물론 경쟁자를 포함한 시장의 모든 이해관계자가 행복할 수 있는 솔루션을 찾는 데 길잡이 역할을 해주고 있다고 하겠다.

앞의 두 가지 사례에서 살펴본 바와 같이 대안의 창출 과정에 목적 체계를 적용할 때는 다음과 같은 점을 고려해야 한다.

- 각 대안이 이해관계자 모두에게 미치는 영향은 무엇인가?
- 문제적 상황에서 부정적, 방어적 관점이 아닌 기회가 되는 요인은 무엇인가?
- 목적, 가치, 원칙에 대한 타협안이 아닌 창의적 대안은 무엇인가?

창의적 대안 찾기 기법

창의적 대안을 찾기 위한 노력을 방해하는 요소에는 선입견, 편견, 지식의 결핍/과잉으로 인한 인식의 장벽이 있는가 하면, 가치관과 습관의 차이로 인한 문화의 장벽이 있다. 또한, 실패에 대한 두려움 또는 지나친 완벽주의와 같은 감정의 장벽이 있다. 그런데, 이런 장애 요인들을 극복할 수 있는 가장 효과적인 방법이 개인의 주관적 생각에서 벗어나 조직의 목적 중심으로 사고를 하는 것이다.

목적을 달성하기 위한 다양하고 창의적인 대안을 찾기 위하여서는 확산적 사고(Divergent Thinking)가 필요하다. 길포드는 확산적 사고를 효과적으로 하기 위해서는 5가지 요소가 필요하다고 하였다.

- 민감성(문제를 인지하는 능력)
- 유창성(많은 아이디어를 생성하는 능력)
- 융통성(다양한 아이디어를 생성하는 능력)
- 독창성(독특한 연합을 생산하는 능력)

확산적 사고를 통해 창의적인 대안을 도출할 수 있도록 하는 대표적인 기법 세 가지를 소개한다.

브레인스토밍(Brainstorming)

먼저 소개하려는 브레인스토밍 기법은 모두가 활용한 경험이 있을 것이다. 다다익선이란 말이 있다. 문제/기회 상황을 해결하기 위해서는 보다 다양하고 창의적인 대안이 필요하다. 이 기법의 핵심은 짧은 시간에 다양하고 많은 대안을 만들어 내기 위해서 참여자의 의견과 아이디어를 비판하지 않고 우선 수용을 하는 것이다. 그래서 서로의 의견을 존중하며 가능한 많은 대안을 생성하는 데 주력하는 것이다.

브레인스토밍을 잘하기 위해서는 다음과 같은 원칙들을 지켜야 한다.

- 비판 금지: 비판을 하게 되면 감정의 장벽으로 인해 생각의 융통성이 떨어진다.
- 아이디어 이어받기: 검증은 추후에 하고 일단 아이디어를 수용하고 더 추가하여 발전을 시키는 과정을 통해 생각을 넓힌다.
- 아이디어 양을 추구: 미숙한 아이디어라고 해도 질보다는 양을 추구
- 자유로운 분위기 유지: 경직된 분위기는 대화의 물꼬를 막을 수 있다.

브레인스토밍 방식은 다음과 같은 세 가지를 상황에 맞게 적용할 수가 있다.

- 자유발언 방식(Free Wheeling)은 아무나 자유롭게 아이디어를 이야기할 수 있도록 하는데 이 방식은 모두가 적극적으로 참여할 때 활용할 수 있다.
- 순번 방식(Round Robin)은 문화의 장벽이나 감정의 장벽이 있어 발언을 잘하지 않을 경우 순번을 정해서 아이디어를 공유하는 방식이다.
- 이어 적기 방식(Slip Method)은 말하는 대신 종이를 돌려가면서 아이디어를 이어 가면서 적는 방식으로 돌아갈 때마다 아이디어의 목표 개수를 정해 놓을 수 있다.

스캠퍼 기법(SCAMPER)

브레인스토밍 기법을 적용하더라도 생각이 막힐 때가 있다. 이런 경우에도 스캠퍼 기법은 새로운 생각을 불러일으키는 일곱 가지의 접근 방법을 적용하여 문제/기회 상황을 해결하는 대안을 도출하게 된다.

- 대체(Substitute): 제품의 본질적 기능을 유지하면서 다른 재료, 부품으로 대체
- 결합(Combine it with something else): 두 가지 이상 다른 기능을 결합하는 것
- 적용(Adapt): 제품의 기본 기능을 다른 상황에 적용하는 것
- 수정(Modify): 제품의 모양이나 특성을 변형시키는 것
- 다르게 사용하기(Put to other purpose): 다른 용도로 사용하는 것
- 제거(Eliminate): 제품의 일부를 제거하여 새로운 제품을 만드는 것
- 순서 바꾸기(Reverse): 순서나 모양 등을 재배열하는 방식

일곱 가지 접근 방식의 영문 첫 글자를 따서 스캠퍼(SCAMPER)라 부른다. 스캠퍼라는 영문 단어가 있는데 '뛰어다니기'의 의미가 있다. 여기에 제시된 일곱 가지 접근 방법은 뛰어다니듯이 빠르게 새로운 아이디어를 불러일으키는 지름길과 같은 생각 도구들이다.

스캠퍼 기법을 간단한 몇 가지 사례를 가지고 설명하겠다.

피자는 전 세계의 많은 사람들이 즐겨 먹는 음식이다. 이 피자에 스캠퍼 접근방식을 적용하여 무엇인가 추가하거나 새로운 것을 적용해 본다면 어떤 새로운 피자가 나올까 생각해보자.

- 피자를 바로 소화시키기 어려운 사람들을 위해 피자 전용 밀크 쉐이크를 같이 결합하여 제공한다.
- 또 다른 결합의 방법으로 다양한 토핑을 얹어져 제공할 수도 있겠다. 예를 들면 쵸콜릿 칩 피자가 만들어질 수 있을 것이다.
- 다르게 활용하는 방법을 생각해본다면 대체로 간식이나 오후에 즐겨먹는 피자 대신에 아침 식사용 피자로 만들어 볼 수 있을 것이다.
- 순서 바꾸기를 한다면 피자 빵이 겉으로 가서 만두처럼 만들거나, 테두리 부분에 치즈를 배열하는 방법으로 만들 수도 있을 것이다.
- 제거하기 방법을 사용한다면 아예 토핑을 제거하고 화이트 피자로 만들거나, 빵은 최소한으로 두고 치즈와 토핑만으로 피자를 만들 수도 있을 것이다.

피자의 창의적 대안 도출 사례

다르게 사용하기

순서 바꾸기

결합하기

제거하기

결합하기

우리 주변을 살펴보면 다섯 가지 창의적 대안 도출 기법을 적용한 다양한 창의적 제품들이 소비자의 선택을 받고 있는 현상을 발견할 수가 있다.

- 결합: 운동 기록을 실시간 확인할 수 있는 물안경, 토스터와 계란 부침을 같이 할 수 있는 기기, 유아용 포크 스푼, 스팀 기능을 포함시킨 청소기
- 적용: 책상 다리에 맞춰진 원 형태의 어댑터, 수영 오리발
- 수정하기: 주름 잡힌 빨대
- 다르게 사용하기: 은퇴한 군함을 갤러리로 사용
- 제거: 날개 없는 선풍기
- 순서 바꾸기: 꺼꾸로 고기 굽는 기기, 거꾸로 접히는 우산

창의적 대안 도출 사례

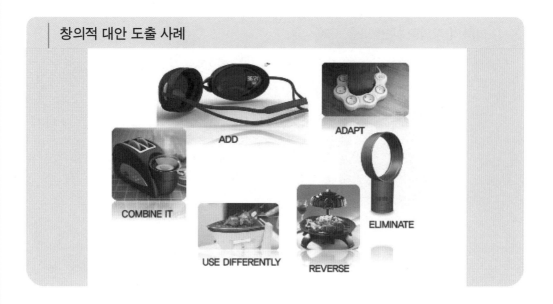

이와 같이 다양한 사례에서 보는 바와 같이 일곱 가지 접근 방식을 활용한 창의적 대안 도출 기법은 빠른 시간 안에 아이디어와 대안을 만들어 낼 수 있기 때문에 현장에서 매우 유용하게 활용할 수 있을 것이다.

6가지 생각 모자 기법(6 Thinking Hats)

이런 표현이 있다. "생각의 모자를 쓰고 해결 방법을 생각해봅시다"(Let's put on our thinking hats and find a way out). 여기에서 모자는 본인의 생각이나 입장을 나타낸다.

6가지 생각 모자 기법은 어떤 문제에 대해 의논을 할 때에 생각을 6가지 측면에서 분리하여 차례대로 각 측면에만 집중하여 의논하는 방법이다. 비판적 논쟁은 모든 측면을 한 번에 논의하다 보니 생각들이 뒤섞여서 창의적이지도 또 생산적이지도 못하는 경우가 많다. 6가지 생각 모자 기법은 이러한 문제점을 극복할 수 있는 장점이 있다.

6가지 생각 모자 기법(6 Thinking Hats)

6가지 생각 모자는 서로 다른 색깔로 표현하는데 다음과 같다.

- 하얀 모자: 정보를 모으고 제공한다.
- 초록 모자: 창의적인 아이디어를 낸다.
- 노란 모자: 제시된 아이디어의 이점을 찾아낸다.
- 검은 모자: 제시된 아이디어의 주의할 점을 찾아낸다.
- 파란 모자: 회의 중에 생각이 잘 이어지도록 흐름을 관리한다.
- 빨간 모자: 제시된 아이디어가 인간적 감정에 어떤 영향을 주는지 얘기한다.

회의 참석자들의 숫자에 따라 모자를 두 개 이상 쓸 수도 있고, 그룹별로 모자를 쓸 수도 있겠다. 회의 참석자들은 각자가 쓴 그 모자의 역할에 집중하여 의견을 얘기하도록 한다.

일반적인 회의 순서는 우선 하얀 모자를 통해서 아이디어를 창출하기 위한 다양한 정보나 지식을 얻는다. 이를 바탕으로 초록 모자가 창의적인 아이디어를 내도록 한다. 다음은 노란 모자와 검은 모자를 활용하여 아이디어들의 장점과 단점을 찾도록 한다. 빨간 모자는 이러한 아이디어들에 대한 느낌 같은 정서적인 측면을 얘기하도록 한다. 파란 모자는 이러한 회의 순서를 주시하면서 생각의 흐름이 잘 이어갈 수 있도록 관리하는 역할을 하게 된다. 회의의 특성에 따라 어떤 모자가 먼저 의견을 얘기할지는 바꾸어 진행할 수가 있다.

"목적 관점 대안 선정" 적용

목적이 이끄는 리더십(Purpose Driven Leadership)의 두 번째 단계인 대안의 창출에서는, 목적을 달성할 수 있는 창의적 대안을 창출하는 기법들을 살펴보았다.

- 브레인스토밍(Brainstorming)
- 스캠퍼 기법(SCAMPER)
- 6가지 생각 모자 기법(6 Thinking Hats)

앞 장에서 검토하였던 의료 사고 사례에 이러한 기법들을 적용해서 문제를 해결할 수 있는 솔루션을 찾아 보자. 의료 사고 사례를 다시 살펴보면 다음과 같다.

의료 사고 사례1. 서울 강서구의 한 산부인과에서 간호사 B씨는 분만실 침대에 누운 C씨에게 기본적인 환자 확인 절차도 거치지 않고 영양 수액 대신 수면 마취제를 투여했다. 이후 C씨가 잠이 든 이후 분만실을 찾은 의사 A씨도 환자 확인 절차를 시행하지 않은 채 그대로 낙태수술을 한 것으로 확인됐다.

의료 사고 사례2. Y 병원이 보내온 다른 환자의 유방암 조직검사 결과를 토대로 S 병원이 멀쩡한 환자 가슴을 절제한 사건도 있었다. Y 병원 임상병리사가 다른 유방암환자의 조직에 해당 환자의 이름을 붙이는 실수를 저지른 결과였다.

다음은 스캠퍼 기법을 적용하여 의료 사고를 방지할 창의적 대안을 찾았을 때의 예시이다.

- 대체: 환자의 기록 차트를 문서 방식에서 디지털 파일로 저장하여 손쉽게 찾아볼 수 있게 하고 사람이 자료를 혼돈하는 실수를 줄인다.
- 결합: 병원 간 진료 기록 디지털 파일의 호환성을 높이고, 병원간 데이터 베이스 검색 시스템 통합을 추진한다.
- 적용 및 수정: 환자가 착용한 인식표 또는 바이오 정보로도 환자 기록 차트 확인이 가능하게 한다.
- 다르게 사용하기: 지문, 눈동자 같은 바이오 인증 절차를 환자 수술실에 도입한다.

05　》 대안의 선정

　　이번 장에서는 목적이 이끄는 리더십 모델 2단계에서 도출된 다양한 대안들을 평가하고 선정하는 단계이다. 목적이 이끄는 리더십 모델은 회사의 목적 체계에 부합하는 최적의 의사결정을 내리고 모든 구성원이 한 방향으로 역동성을 발휘할 수 있게 만드는 경영 모델이다. 대안을 선정하는 과정에서 이러한 목적이 이끄는 리더십의 최종 목적을 실현하게 된다.

　　이번 장에는 구체적으로 최적 대안을 선정하는 세 가지 접근 방법을 소개하려고 한다.

- 대안이 목적 체계(목적, 가치, 원칙, 목표)에 비추어 적합한지 여부를 평가한다.
- 대안에서 나타날 수 있는 대표적인 편견(Bias)들을 이해하고 평가한다.
- 대안의 노력과 효과를 비교 평가하여 최적 대안을 찾는다.

　　이러한 기법을 활용하여 목적이 이끄는 리더십을 발휘한다면, 다음과 같은 효과가 있다.

- 목적에 부합하는지를 묻는 과정에서 문제의 근본적 원인 해결안을 다시 찾게 해준다.
- 개인의 경험이나 지식이 아닌 오직 목적 관점에서 보게 되면 편견(Bias)에서 벗어난 균형 잡힌 판단을 하게 해준다.
- 위기를 기회로 보는 눈을 갖게 되어 다양한 관점의 대안을 창출하게 해준다.
- 이해관계자 모두가 해결방안에 참여하게 된다.

대안의 선정 기준

목적 적합성

문제의 근본적 원인 발견
Bias에서 벗어난 균형적 판단
다양한 관점의 대안 창출
이해관계자가 해결에 참여

Ideas

Action

대안의 목적 적합성 점검

앞장에서 파타고니아의 목적이 환경 보호를 중심으로 구성되어 있다는 것을 설명하였다. 그런데, 환경 보호를 제일 우선순위에 두는 파타고니아의 존재 목적과 배치되는 상황이 발생하였다. 이런 위기상황에서 목적 체계를 적용하여 어떻게 대응안을 결정하고 실행했는지를 소개하겠다.

환경문제에 대한 국제적인 제한 조치와 국제 환경 기구에 의한 감시활동이 강화되고 기업에 대한 요구사항이 엄격해지고 있다. 파타고니아에도 이러한 규제 압박이 들어왔고 다음과 같은 문제에 부닥치게 되었다.

2015년도에 그린피스는 아웃도어 의류 업체들이 만드는 방수 의류에 환경 오염 물질인 C8이 방출된다는 연구 결과를 발표하면서 의류 업계가 이러한 환경 물질을 사용하지 말라는 요구를 하였다. NGO의 이러한 환경 문제 제기에 대하여 유명 아웃도어 업체들은 대표적으로 두 가지 접근 방식으로 대응을 하였다.

- 1안) 우리 제품은 환경 문제 없으며, 세계의 모든 규제 기관에서도 우리 제품이 일상적 사용시 소비자에게 아무런 문제가 없음을 인정한 것을 적극 알린다.
- 2안) 우리 제품이 환경 문제가 있음을 시인하고 그 개선방안을 설득력 있게 제시한다.

파타고니아의 이러한 도전적 상황에 대해 다음과 같은 세 가지 질문을 생각해보자.

- 파타고니아는 1안과 2안에 대해 어떤 사항들을 고민하였을까?
- 파타고니아는 결과적으로 어떤 대응을 하였을까?
- 파타고니아의 대응 대안 선정은 목적 체계와 어떤 연관이 있을까?

그린피스의 품질 개선 요구 사항에 대한 파타고니아의 대응이 무엇이 될지는 분명하게 예측을 할 수가 있다. 환경 보호를 목적 체계에 명확히 담아 놓았기 때문에 파타고니아는 두 번째의 안을 선택하여 다음과 같은 개선 방안을 구체적으로 발표를 하였다.

"2013년에 C8을 환경오염이 없는 C6 물질로 제품의 40%를 대체하였으며, 2015년 가을까지 C8을 포함한 환경오염 물질을 완전히 줄여 나가겠다."

이렇게 목적 체계에 따라 해결 방안을 찾은 파타고니아는 1안을 택한 노스페이스와 같은 유명 아웃도어 의류 업체들과는 차별화하여, 환경을 보호하는 회사로 브랜드 이미지를 확실하게 정착할 수 있었고, 이런 위기 속에서도 지속적인 성장을 할 수가 있었다.

파타고니아 대응 대안의 목적 적합성 점검

문제/기회	2015년도에 Greenpeace는 Outdoor 의류 업체들이 만드는 방수 의류에 환경 오염 물질인 C8이 방출된다는 Research 결과를 발표하면서 의류 업계가 이러한 환경 물질을 사용하지 말라는 요구에 직면함	
대안	1안) 우리 제품은 품질에 문제가 없으며, 세계의 모든 규제 기관에서도 우리 제품이 일상적 상용시 소비자에게 아무런 문제가 없음을 적극 알린다.	2안) 우리는 2013년에 C8을 환경오염이 없는 C6 물질로 제품의 40%를 대체하였으며, 2015년 가을까지 C8을 포함한 환경오염 물질을 완전히 줄여 나갈 것임을 알린다.
목적체계	부합여부	
Purpose	X	O
Value	X	O
Principle	X	O
Goal	X	O

파타고니아 사례에서 볼 수 있는 바와 같이 목적에 대한 정의를 정확히 내리고 이 목적 체계에 부합하는 의사결정을 내리는 것이 목적이 이끄는 리더십이다. 이런 리더가 가장 바람직하고 지속 가능한 성과를 이끌어 갈 수 있는 리더라

고 할 수 있다.

목적 적합성 점검 실습

다음의 사례를 읽고, 해당 조직은 목적에 비추어 볼 때 어떤 의사결정을 내리는 것이 적합한지를 점검해보자(본 사례는 Minerva 대학에서 개발한 사례를 인용한 것임).

사례 1: 기부금 운영 단체 A

- 목적: 우리는 세계의 빈곤을 퇴치하는 데 최선을 다한다.
- 운영 원칙:
  - 빈곤층을 돕기 위한 일이라면, 인종, 문화, 성별, 이념을 초월하여 모든지 다 한다.
  - 빈부 받은 것을 진정성과 정성을 다하여 사용한다.
  - 기부를 받기 위하여 우리의 가치와 원칙을 타협하지 않는다.

단체 A는 매우 큰 기부를 제안받았는데 그 조건은 받은 기부금을 특정 지역의 빈곤층에 사용해 달라는 것이다. 그렇게 하면 곧 다가올 대통령 선거에서 그 지역이 현재 대통령에게 우호적인 투표를 할 것이라는 기대가 있기 때문이다.

이런 상황에서 단체 A가 올바른 의사결정을 하기 위해 다음과 같은 질문에 답을 해보자.

- 제안받은 기부는 목적 체계에 비추어 보았을 때 어떤 이슈가 있는가?
- 단체 A가 취할 수 있는 대안들은 어떤 것이 있을까?
- 최종적으로는 어떤 대안이 목적 체계에 부합하는 대안일까?

사례 2: 지자체 건설 팀

- 목적: 시민들의 안전과 편의를 확실히 한다.
- 운영 원칙:
  - 안전이 최우선이고 시설 개선은 그 다음이다.
  - 우리의 인프라는 세계에서 가장 우수한 것이어야 한다.
  - 세금을 현명하게 사용한다.

지자체는 대규모 다리 건설에 많은 예산을 초과 지출하고 있는 상황이다. 그런데, 최근에 이슈가 된 것은 진행 중인 다리 건설에 지진에 대응하는 혁신적인 최신 기술이 적용되지 않았다는 것이다. 건설 팀은 추가적으로 더 예산을 투입하여 공기를 늦추더라도 최신 기술을 도입할 것인지 여부를 놓고 깊은 고민에 빠져있다.

이런 상황에서 건설 팀이 올바른 의사결정을 하기 위해 다음과 같은 질문을 해보자.

- 건설과는 어떤 대안들을 생각할 수 있는가?
- 고려한 대안들은 목적 체계에 비추어 볼 때 어떤 이슈가 있는가?
- 목적 체계는 구성 요소들이 서로 상충하는 의미가 있는 것은 없는가?
- 최종적으로 건설 팀은 목적 체계와 부합하는 어떤 대안을 선정해야 할까?

편견(Bias) 제거하기

모두들 편견에 시달리거나 진실이 왜곡되어 어려움을 겪어본 경험이 있을 것이다.

흑인은 무조건 위험한 행동을 할 수 있다는 미국 백인 경찰들의 편견은 미국사회에 많은 불행을 가져오기도 한다. 이런 논쟁도 있다. "얼룩말은 흰 바탕에 검은 줄이 있는 것일까, 아니면 검은 바탕에 흰 줄이 있는 것일까?" 실제로 얼룩 말은 검은 피부를 갖고 있어서 흰 줄이 있다는 것이 연구 결과이다. 이러한 사례처럼 정확한 근거를 갖지 못할 때 우리의 편견이 빠르게 작동하여 흑인은 폭력적이라거나 얼룩말은 검은 줄을 가졌다는 잘못된 결론을 내리게 된다.

또한 편견은 올바른 의사결정을 방해하기도 한다. 대안을 도출하고 선정해 가는 의사결정의 모든 단계에서 편견이 개입할 가능성이 매우 높기 때문이다. 편견에 도전하고 이를 극복해야만 올바른 의사결정을 내릴 수 있다. 그래서, 이번에는 의사결정과정을 방해하고 가장 빈번하게 우리를 오류로 빠뜨리는 대표적인 편견들을 소개하고 이를 피할 수 있는 방법을 찾고자 한다.

손실 회피 경향(Loss Aversion)

행동경제학자 대니얼 카너먼(Daniel Kahneman)과 아모스 트버스키(Amos Tversky)는 사람들이 경제 활동을 할 때 손실을 회피하려는 심리가 중요한 선택 기준이 된다는 주장을 했다. 손실 회피 경향(loss aversion)은 인지적 편견(cognitive bias)으로 손실의 고통이 획득의 즐거움보다 심리적으로 두 배 더 강력하게 느껴지는 이유를 밝힌 것이다. 예를 든다면, 사람들은 1만원이 생겼을 때 기쁨보다

1만원을 잃어버렸을 때의 상실감이 더 크다는 것이다.

손실 회피 경향은 의사결정에 큰 영향을 미치고 잘못된 의사결정으로 이어질 수 있다. 손실을 입을 수 있다는 두려움은 개인이 더 많은 수익을 올릴 가능성을 포기하게 하고, 계산된 위험(calculated risk)을 감수하지 못하게 한다.

또한 손실 회피는 복잡한 문제를 해결하기 위해 리스크가 포함된 결정을 내리는 것을 방해할 수 있다. 위험 회피 경향은 위험이 내재된 중요하고 혁신적인 솔루션을 채택하지 못하게 만든다.

그러면 이러한 손실 회피 경향은 왜 생기는 것일까? 손실 회피는 우리의 신경학적(neurological) 구성, 사회 경제적 요인 및 문화적 배경이 혼합되어 발생한다고 본다. 인간 두뇌의 세 가지 특정 영역은 손실 회피와 관련된 상황에서 활성화된다.

- 두려움을 처리하는 뇌의 편도체(amygdala)
- 손실을 처리할 때 활성화되는 뇌의 두 번째 영역은 선조체(striatum)
- 뇌의 인슐라(insula) 영역은 혐오감에 반응하고 편도체와 협력하여 개인이 특정 유형의 행동을 피하도록 한다.

손실 회피 경향과 문화적 배경을 연구한 Wang 박사가 실시한 연구에 따르면 지역별로 손실 회피 경향에 차이가 있다. 동유럽이 높고 아프리카는 낮다, 그러나, 행동 심리학적 관점에서 본다면 손실 회피 경향은 그 경향의 차이는 있지만 모든 사람들에게 공통으로 나타나는 심리 현상이다. 그러므로, 의사결정을 할 때에는 반드시 손실 회피 경향 때문에 특정 대안을 회피하거나 선호하고 있는 것이 아닌지를 점검해야 한다.

생존자 편향(Survival Bias)

성공한 사람들의 조언을 조심하십시오. – Barnaby James

2차 세계대전 당시 미 해군(U.S. Navy)은 전투기 및 폭격기의 개선 방안 연구했다. 전투에서 무사히 돌아온 비행기를 대상으로 비행기의 어느 부위에 대공포의 총알이 집중되었는지를 조사했다. 통계를 내어보니 꼬리 날개부분, 중앙 몸통, 앞 날개 양 쪽에 총탄이 집중되고 있음을 확인할 수 있었다. 미 해군은 이에 대한 처방으로 처음에는 총탄이 집중된 부분에 강판을 추가로 부착시키고자 했으나, 통계학자 아브라함 월드(Abraham Wald)는 총탄 흔적이 없는 부위를 강화하도록 제안하여 채택되었다. 통계학에서는 미 해군의 이런 실수를 생존자 편향 (survivor bias)이라고 설명한다.

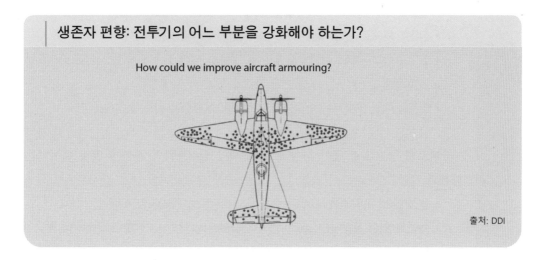

생존자 편향: 전투기의 어느 부분을 강화해야 하는가?

How could we improve aircraft armouring?

출처: DDI

생존자 편향(survivor bias)은 일반적인 논리적 오류이다. 생존자 편향은 '생존자'만을 선택하고 '생존자'의 특성에 따라 결론을 내릴 때 발생한다. 성과를 이루는데 실패한 유사한 특성을 가진 데이터를 더 광범위하게 살펴보지 않는다.

예를 들어, 다이어트 상품은 효과를 본 사람들을 광고하지만, 대부분 비용만 내고 실패를 한다. Bill Gates와 Mark Zuckerberg가 대학을 졸업하지 않았음에도 불구하고 성공을 거두었다, 그 영향으로 New York Times는 대학에 가지 않기로 결정한 젊은이들의 급증에 대해 보도하였다. 만약 그들이 Bill Gates를 좇아서 대학을 다니지 않으면 부를 얻을 수 있다고 생각한다면 이것은 생존 편향의 또 다른 예일 뿐이다.

기업들이 성공한 회사의 전략을 따라하는 방식을 채택하는 경우가 많다. 기업의 성공은 기술과 같은 하나의 성공 원인이 아니라, 환경과 조직 문화 등 복합적인 원인에 의해서 가능한 것이다. 개인의 성공담 역시 특정한 상황의 영향을 받았을 가능성이 높다. 그러므로 생존자 편향이 의미하는 바는 성공 스토리 또는 실패 스토리의 경우를 일반화하여 따라하거나 피해가는 접근 방식은 올바른 의사결정에 도움이 되지 않는다는 것이다.

가용성 휴리스틱스(Availability Heuristics)

가용성 휴리스틱스를 이해하기 위해 아래의 질문에 답을 해보자.

- 질문1. 자동차 사고 사망자와 심장병 사망자 중 더 많은 쪽은?
- 질문2. 치매로 인한 사망자와 자살 사망자 중 더 많은 쪽은?
- 질문3. 코로나19의 감염으로 인한 사망률과 백신 접종에 의한 사망률 중 더 많은 쪽은?
- 질문4. 내연기관 자동차 불량률과 전기차 불량률은 어느 것이 높은가?

빠르게 생각해낸 답이 사실과 다를 때가 있다. 위의 질문에 실제 데이터는 다음과 같다.

- 심장 질환 사망자(83,749명)가 차량 사고 사망자보다(8,262명) 10배가 더 많다.
- 치매로 인한 사망는 35,814명으로 자살 사망자 16,132명보다 5배가 더 많다.
- 코로나 19의 감염 사망률은 1.4%, 백신접종으로 인한 사망률은 0.00013%이다.
- 전기차의 자동차 불량률은 0.06% 로 내연기관 자동차 불량률의 1/3 수준이다.

경찰관이나 벌목꾼 중 어떤 직업이 더 위험한가 물으면 경찰이 가장 위험한 직업이라고 생각하는 경우가 많지만 실제로 통계에 따르면 벌목꾼은 경찰보다 직장에서 죽을 가능성이 더 높다. 왜 이렇게 사실과 다른 판단을 내리게 되는 것일까?

문제나 위험에 대한 긴급한 판단을 내릴 때 우리의 두뇌는 빠른 결정을 내리기 위해 여러 가지 전략에 의존한다. 이는 신속하지만 때로는 부정확한 평가를 수행하게 되는데 빠르게 떠오르는 정보에 의존하는 것을 가용성 휴리스틱 (availability heuristic)이라고 한다.

이러한 가용성 휴리스틱스(Availability Heuristics)의 사례를 들어보자.

- 복권 당첨자에 대한 기사를 읽은 후 1등 당첨 가능성을 과대 평가하기 시작한다. 당신은 복권에 매주 당신보다 더 많은 돈을 지출하기 시작한다.
- 일자리를 잃은 사람들에 대한 뉴스 보도를 보고 나면 해고 당할 위험에 처해 있다고 믿기 시작할 수 있다. 당신은 해고당할까봐 걱정하면서 매일 밤 침대에서 깨어 있다.
- 유명 아동 납치에 관한 뉴스 기사를 보고 나면 그러한 비극이 매우 흔하다고 믿기 시작한다. 당신은 아이가 혼자 밖에서 놀지 못하게 하고 절대 당신의 시

야를 떠나지 못하게 한다.
- 자동차 절도에 대한 여러 뉴스 보도를 본 후 차량 절도가 실제 지역보다 훨씬 더 흔하다고 판단할 수 있다.

이러한 유형의 가용성 휴리스틱은 때론 의사결정에 유용하고 중요할 수 있다. 선택에 직면했을 때 더 깊이 조사할 시간이나 자원이 부족한 경우가 많다. 즉각적인 결정이 필요한 상황에서 가용성 휴리스틱을 통해 사람들은 신속하게 결론에 도달할 수 있다.

그러나, 문제는 가용성 휴리스틱이 올바른 의사결정에 장애 요인도 된다는 점이다. 의사결정을 내리려고 할 때 기존에 접했던 관련 사건이나 상황이 제일 먼저 떠오르면서 의사결정에 영향을 미치게 되기 때문이다. 결과적으로 특정 이벤트가 다른 이벤트보다 더 빈번하거나 발생할 가능성이 있다고 판단하여 특정 정보에 더 큰 신뢰를 주고 미래에 유사한 일이 일어날 확률과 가능성을 과대 평가하는 경향을 갖게 될 수 있다.

이러한 가용성 휴리스틱스를 피하기 위하여서는 정보에 대한 검증 프로세스와 전문가 또는 경험 있는 제3자의 조언을 얻는 과정을 의사결정 프로세스 안에 매뉴얼화하여 실행해야 한다.

확증 편향(Confirmation Bias)

사람들이 얼마나 자신을 과잉 확신하고 있는지를 연구한 결과가 있다.
- 미국인의 65%는 자신의 지적 능력이 평균 이상이라고 생각한다.
- 프랑스인의 84%는 자신이 평균 이상의 연인이라고 생각한다.
- 미국 국민의 93%는 자신이 평균 이상의 운전실력을 가지고 있다고 생각한다.
- 스탠포드 MBA 학생의 87%가 학업 성적을 중간 이상으로 평가했다.

과잉 확신은 사람들이 자기의 판단이나 지식 등에 대해 실제보다 과장되게 평가하는 경향으로 인간의 자연스러운 심리이기도 히다. 사람들은 자신에 대해 좋은 평가를 내린다. Peter Bevelin은 Seeking Wisdom에서 다음과 같이 썼다.

"우리 대부분은 우리가 더 나은 성과를 내고, 더 정직하고 지적이고, 더 나은 미래를 가지고, 더 행복한 결혼 생활을 하고, 평범한 사람보다 덜 취약하다고 믿는다. 그러나 우리 모두가 평균보다 더 나을 수는 없다."

확증 편향은 이러한 자신에 대한 과잉 확신이 원인이 되기도 하는데, 자신의 신념과 일치하는 정보는 받아들이고 신념과 일치하지 않는 정보는 무시하는 경향을 말한다. 의사결정에 대한 이러한 편향된 접근 방식은 대부분 원치 않는 정보를 무시한다. 사람들은 특히 문제가 매우 중요하거나 자기 관련성이 있을 때 자신의 신념을 뒷받침하기 위한 정보만 선택적으로 처리할 가능성이 높다.

이처럼 확증 편향은 사람들이 때때로 비논리적이고 편향된 방식으로 정보를 처리하는 방법으로 무의식 중에 중요한 정보를 무시하는 결과를 가져올 수 있다.

미국 펜실베이니아 대학교 와튼(Wharton) 경영대학 교수 제임스 엠쇼프 (James Emshoff)와 이언 미트로프(Ian Mitroff)는 미국에서 가장 큰 기업들의 전략 수립 과정을 연구하면서 한 가지 놀라운 사실을 발견했다. 많은 대기업의 경영자들이 자신들이 이미 수립한 전략을 지지해주는 자료를 만들어 내기 위해 모든 가용 자원을 활용하고 있으며, 바로 이런 이유로 그런 전략의 대부분이 실패로 끝났다는 것이다.

확증 편향은 우리가 정보를 수집하는 방법에 영향을 주지만 정보를 해석하고 기억하는 방법에도 영향을 미친다. 예를 들어, 특정 문제를 지지하거나 반대하는 사람들은 이를 뒷받침할 정보를 찾을 뿐만 아니라 기존 아이디어를 유지하는 방식으로 뉴스 기사를 해석한다. 그들은 또한 이러한 태도를 강화하는 방식으로 세부 사항을 기억할 것이다.

확증 편향은 정보를 균형 있게 해석하지 않고 주관적 판단에 의존한다는 측면에서 의사결정에 큰 장애 요인이 된다. 특별히, 성공 경험이 있는 경영자, 조직에서 지위가 높은 리더들이 확증 편향에 더 많이 노출되어 있다는 사실에서 확증 편향의 위험성이 매우 높다고 하겠다.

편견에 도전하기 실습

지금까지 의사결정에 장애 요인으로 작용할 수 있는 대표적인 편견들을 살펴보았다.

- 손실 회피 경향(Loss Aversion)
- 생존자 편향(Survival Bias)
- 가용성 휴리스틱스(Availability Heuristics)
- 확증 편향(Confirmation Bias)

다음의 폰지 사기 사건 사례를 검토하고 이 사건에 참여한 4명의 주인공들은 어떤 편견들을 갖고 있는 지를 찾아보자.

버니 매도프 폰지 사기 사건(Bernie Madoff Ponzi Scheme)

'폰지 사기 사건'(Ponzi Scheme)으로 알려진 버나드 매도프 사건은 2008년 이후 역대 최대 규모의 초대형 사기 사건으로 알려져 있다. 사회적 지위가 높았던 버나드 매도프 전 나스닥 회장은 폰지 사기라는 수법으로 투자자 5천 명으로부터 약 650억 달러를 속였다. 폰지 체계는 계약에 따라 고배당을 위해 모인 자금을 관리하지 않고 단순히 수익 분배의 원천으로 사용하는 메커니즘이다.

예를 들어, 폰지 설계자가 매년 10%의 연간 수익률을 약속한다고 가정하자. 이 펀드의 첫 고객인 A씨가 1000만 달러를 투자하면 1년 뒤 A씨의 펀드는 1100만 달러가 된다. 다만 펀드에 실체가 없다면 A씨와의 수익률 약속을 이행하기 불가능하기 때문에 A씨 이후 펀드에 투자한 B씨와 C씨의 신규 펀드는 펀드로 사용돼 마치 A씨의 자금이 1100만 달러로 늘어난 것처럼 위장하는 것이다. B씨와 C씨의 자금 증가를 속이기 위해, 그 설계자는 후속 투자자(D씨, E씨 등)의 자금을 자금 출처에 사용한다. 이런 식으로 폰지 체계는 계속해서 돈을 빼돌리게 된다.

이러한 형태의 사기는 1920년대 초반 이를 최초로 저지른 찰스 폰지(Charles Ponzi)의 이름을 따서 폰지 사기라고 불린다. 폰지 사기는 투자 사기 수법의 하나로 실제 아무런 이윤 창출 없이 투자자들이 투자한 돈을 이용해 투자자들에게 수익을 지급하는 방식이다. 새로운 투자자가 계속 생겨나는 한 이러한 폰지 사기 행위는 깨지지 않을 것이다. 신규 투자자가 기하급수적으로 증가하고 있다면 폰지 사기보다는 좋은 펀드처럼 보일 것이다. 하지만 기존 투자자를 지원할 신규 투자자가 없으면 폰지 사기극은 실패하게 된다.

폰지 사기극은 전형적인 사기극이다. 하지만 버나드 매도프 사건을 심상치 않게 만든 것은 피해 규모이다. 매도프 씨는 수십 년 동안 투자자들을 속였고, 총 피해액은 약 650억 달러였다. 이 피해액 때문에 버나드 매도프 사건은 역사상 최대 규모의 초대형 사기 사건으로 알려져 있다(인용 출처: "폰지 사기" 위키백과, Case study by Minerva Academy team).

버나드 매도프 사건과 관련된 다음 4명의 인물들의 배경을 읽어보고 이들은 어떤 편견을 갖고 있기 때문에 이러한 사기 사건에 연루되게 되었는지를 생각해

보자. 앞서 설명한 4가지 편견을 대입하여 보면 도움이 될 것이다.

- 버나드 매도프(Bernard Madoff): 그는 역사상 가장 큰 폰지 사기 사건을 일으켰다. 그의 사기 행각은 5,000명의 투자자들로부터 약 650억 달러를 속였다. 전직 나스닥(NASDAQ) 회장으로서 그는 그의 엄청난 부와 사회적 지위를 자랑스러워 했다.

- 프랭크 디파스칼리(Frank Dipascali): 그는 33년간 매도프 투자증권에서 근무했으며 매도프의 오른손이다. CFO로서, 그는 고객과의 거래를 직접 담당했다. 그는 위조 기록과 서류를 만들었다. 2009년, 그는 유죄 판결을 받았다.

- 티에리 마건 드 라 빌후체트(Thierry Magon de La Villehuchet): 부유한 사람들의 재산 관리를 위한 Access International Advisors라는 회사의 공동 설립자이다. 이번 사기 사건으로 개인 재산을 포함해 총 15억 달러의 피해가 났다. 그는 그 사건이 발견된 지 2주 후에 자살했다.

- 신시아 & 데이비드 아네손(Cynthia & David Arneson): 그들은 매도프의 아내와 어린 시절 친구였다. 그들은 사기로 인해 은퇴를 위해 축적된 모든 자금을 잃었다. 그들은 가족과 친구들에게 매도프에 투자하도록 격려했다.

노력 효과 매트릭스(Effort/Effect Matrix)

목적이 이끄는 리더십의 3단계인 대안 선정의 마지막 절차로, 각 대안을 실행 하기 위한 노력 대비 그 효과성을 비교 평가하여 최종 대안을 선정한다.

노력/효과 매트릭스

	Low 노력 Effort High
High 효과 Effect Low	빠른 성공 Quick Wins / 중요 프로젝트 Big Bets
	차선책 Fill ins / 버릴 대안 Time waster

노력 효과 매트릭스는 업무 성과를 가장 효과적으로 낼 수 있도록, 대안들의 우선순위를 정하는 데 활용할 수 있게 디자인된 매우 직관적이고 유용한 기법이다. 노력과 성과의 수준으로 구분된 4분면에 고려되고 있는 모든 대안들을 배치하여 대안들을 4가지 카테고리로 구분하여 우선순위를 정하게 된다.

- 빠른 성공(Quick wins): 적은 노력으로 최대한의 성과를 이룰 수 있는 대안
- 메이저 프로젝트(Big Bets): 노력과 효과가 모두 높은 대안으로 대규모 투자 필요
- 차선책(Fill ins): 적은 노력으로 적은 성과를 얻을 수 있는 대안
- 버릴 대안(Time waster): 효과는 적은데 많은 노력이 필요한 대안

이러한 4가지 카테고리로 대안들을 구분하였다면, 빠른 성공이 예상되는 대안을 가장 우선순위로 실행을 하는 것이 효과적이다. 메이저 프로젝트에 해당되는 대안이라면 의사결정을 다양한 이해관계자가 관여하도록 하여 장기적인 계획하에 추진할 수 있도록 계획을 세워야 한다. 차선책들은 우선순위 프로젝트를 우선 처리한 후에 실행에 옮긴다.

노력 효과 매트릭스는 특별히 조직이 갖고 있는 리소스에 제한이 있을 때에 매우 강력한 의사결정 도구가 될 수가 있다. 간단하면서도 직관적인 4개의 카테고리는 중요한 프로젝트에 대한 의사결정뿐만 아니라 매일 일어나는 과제에도 유용하게 활용을 할 수가 있다. 버릴 대안들에 대해서는 팀 안에서 그 필요성 여부에 대한 솔직한 협의를 거쳐 계획을 보완하거나 제외하는 방향으로 결정을 해야 할 것이다

이렇게 대안들을 4개의 카테고리로 나누게 되면 허비하는 자원을 최소화할 수 있고 구성원들이 어느 프로젝트에 시간과 리소스를 사용할지를 명확하게 해준다. 또한 현재에 진행하고 있는 과제들을 4분면 안에 배치하여 우선순위를 살펴봄으로써 현재 리소스를 효과적으로 활용하고 있는지도 점검할 수가 있다.

06 | 목적이 이끄는 리더십 모델 실습

목적이 이끄는 리더십 모델은 회사의 목적 체계에 부합하는 최적의 의사결정을 내리고 모든 구성원이 한 방향으로 역동성을 발휘할 수 있게 만드는 경영모델이다.

본 장에서는 다음과 같은 내용을 다루었다.

- 조직의 목적에 적합한 의사결정 프로세스를 이해한다.
- 의사결정을 위한 문제/기회를 포착하는 구조적 사고(System Thinking)를 익힌다.
- 조직의 목적과 가치에 부합되는 다양한 관점의 대안을 창출하고 편견(Bias)에서 벗어나는 기법들을 배운다.
- 대안들의 우선순위를 선정하는 데 활용할 수 있는 노력 효과 매트릭스 활용법을 배운다.

이 장에서 소개된 목적이 이끄는 리더십 모델의 개념과 기법들을 충분히 이해하고 현업에 적용한다면, 여러분들은 지금보다 더 자신감 있고 능숙하게 문제와 기회를 분석해서 탁월한 의사결정을 내릴 수 있을 것이다.

이번에는 실제 사례에 지금까지 익힌 경영 기법들을 적용하여 현장 실습을 하려고 한다.

아래에 안내된 의사결정 플래너와 사례를 신중하게 읽고 진행하기 바란다.

의사결정 플래너의 활용

아래 도표로 제시된 의사결정 플래너는 목적이 이끄는 리더십 모델의 3단계를 순차적으로 적용하여 문제의 솔루션을 찾도록 디자인된 것이다. 앞서 소개한 다양한 경영 기법을 활용하여 결과를 기록해가면 현장에서도 용이하게 활용할 수 있을 것이다. 작성 방법은 다음과 같다.

1단계에서 소개한 문제 인식 기법들을 활용하여 의사결정 플래너의 '문제/기회의 발견' 부분을 작성한다. 그 과정을 통해서 외부로 드러난 문제 뒤에 숨어 있는 다양한 원인을 찾아볼 수 있다.

2단계에서는 1단계의 결과를 기반으로 하여 창의적인 대안을 도출해보도록 한다. 앞에서 소개한 창의적 대안 도출 기법들을 적용해서 문제를 해결할 수 있는 3가지 대안을 찾아본다. 그리고 그 대안을 의사결정 플래너의 두 번째 파트 '대안의 창출'에 적도록 한다.

3단계에서는 앞서 2단계에서 도출한 대안들이 조직의 목적 체계에 부합되는지를 검토하고, 대안 속에 편견이 숨어있지 않은지를 검토한다. 또한 노력 효과 매트릭스를 적용하여 대안들 간의 우선순위를 정한다. 이와 같은 과정의 결과를 의사결정 플래너의 세 번째 부분 '대안의 선정' 양식에 기록을 한다.

의사결정 플래너(Decision Planner)

문제 / 기회 상황					
문제 / 기회 발견	목적과의 Gap				
	증상 및 근본적 원인 파악				
	Agent 간 상호작용, 발생가능 현상 (Emergence)				
	의사결정 제한 조건 (정보, 리소스, 시간)				
	Urgency / Impact 분석	U (High) / I (High)	U (Low) / I (High)	U (High) / I (Low)	U (Low) / I (Low)
대안 창출	Brainstorming / Creativity				
대안 선정	목적 부합 여부 (O/?/X)				
	대안의 Bias 탐색				
	EFFORT / EFFECT 평가 (High=H, Low=L)	EFFORT ( ) / EFFECT ( )		EFFORT ( ) / EFFECT ( )	EFFORT ( ) / EFFECT ( )
	최종 대안 선정				

실습 사례

S사는 폴리에스터 필름 생산 업체로, 성장성이 높게 예상되는 후도 필름 제품에 전략적 중요성을 두고 있었다. 미국 내에 안정적인 필름 판매처를 확보하기 위하여, 지난 수년간 충실한 고객이 되어준 캘리포니아에 소재한 회사 A를 인수하게 되었다.

회사 A는 마이크로 필름 분야에서 50% 이상의 시장 점유율을 가졌고, 자체 생산 공장도 갖고 있어 수익성과 안정성이 구비되어 있었다. 회사 A의 인수로 인해 S사의 후도 필름 사업은 성공적으로 사업을 펼칠 수 있게 되었고, 회사 A의 수요를 기반으로 미국 조지아에 폴리에스터 필름 공장을 세우게 되었다.

마이크로 필름의 주 사용처는 장기간 보관이 필요한 문서들이다. 예를 들면, 엔지니어링 설계 도면, 은행과 법원 등의 공적 문서, 언론기관의 기사 등이다. 그러나, 마이크로 필름 사업은 인터넷과 디지털 파일 기술이 비약적으로 발전하면서 위기를 맞게 되었다. 마이크로 필름 시장은 급속히 축소되었고, 생산 업체들도 줄어들게 되었다. 결과적으로 마이크로 필름 시장은 시장 점유율 70%를 가진 회사 A와, 30% 시장 점유율을 가진 경쟁사 R만이 남게 되어 과점적 시장이 되었다. 회사 A는 마이크로 필름 사업만 하고 있지만, 경쟁사 R은 마이크로 필름 외에도 다양한 제품을 생산하는 종합 필름 가공 업체이다. 전체 시장 규모가 2억불 수준으로 줄어들면서 회사 A와 경쟁사 R 모두 수익성 감소로 인해 어려움을 겪게 되었다.

그러나, 디지털 기술이 아무리 발달하여도 법적으로는 정부 및 법원의 문서, 은행 문서 등과 같은 공적 문서는 먼 훗날에도 광학 기구로 내용을 확인할 수 있도록 마이크로 필름으로 찍어서 보관하는 것이 의무적이었다. 이렇게 의무적 수요처가 존재하였기 때문에 더 이상의 시장은 축소되지 않을 것으로 예상이 되었다.

S사의 경영진은 회사 A가 더 이상의 전략적 중요성이 없고, 수익성도 떨어진 상황에서 계속적으로 운영을 할 필요성이 없다고 결론을 내렸다. 그래서, 마이크로 필름 사업을 철수하고 생산 공장은 폐쇄하는 것으로 전략적 방향을 내리게 되었다.

회사 A의 대표는 이러한 본사 S의 지시를 받고, 사업 철수 방법을 고민하였다. 이를 실행에 옮기는 데에 다음과 같은 어려운 문제가 있다.

- 우선 250명의 직원을 모두 해고해야 한다는 부담이었다. 대부분 장기 근속자들이라 이들을 해고하는 것은 절차적으로나 경제적으로 위험 부담이 높은 일이다.
- 또 하나의 어려움은 30년간 공장을 운영하면서 솔벤트 등 화학 물질로 인해 토질 오염의 가능성이 있다. 환경 오염 문제는 특별히 캘리포니아에서는 매우 심각하게 다루어지기 때문에 이 리스크는 매우 높다.
- 회사 A의 제품을 장기 계약을 맺고 사용해온 충성 고객들과의 관계를 마무리 하는 것도 어려운 일이다. 장기간 보관해야 하는 제품의 특성상, 사용 제품을 바꾸기 위해서는 신제품 테스트 기간이 상당히 오래 걸린다. 공장이 폐쇄되는 과정에서 테스트 기간 동안 생산과 품질 서비스를 유지해야 하는 부담이 컸다.

회사 A는 S사의 100% 자회사이기 때문에 S사의 목적에 부합되는 경영이 되어야 한다. 그러나, 회사 A의 대표는 사업의 철수가 갖고 있는 잠재적 리스크들을 생각하면서 본사 S의 전략적 방향이 과연 맞는가에 대한 원론적인 고민을 하게 되었다. 그래서, 회사의 목적 체계를 다시 한번 살펴보았다. S사의 목적 체계는 다음과 같다.

Purpose	모든 이해관계자의 행복을 추구한다.
Values	환경을 보호하고, 사회적 가치를 창출한다.
Principles	• 자부심과 책임감으로 업무를 완수한다. • 원칙을 고수하며 정직과 신뢰를 형성한다. • 모든 사회적 역할에 대한 책임을 다한다.
Goal	• 글로벌 고객에게 충성스러운 파트너가 된다. • 신뢰받는 고용주가 된다.

회사 A의 대표는 사업 철수 이외에 대안들도 찾아보다가, 경쟁사인 R사에 회사를 매각하는 안을 검토하게 되었다. 두 회사의 과점 체제에서 한 회사만 공급을 하게 되면 2억불 규모의 시장과 적정한 가격 정책을 사용하면 충분히 지속 가능한 사업이 될 것이라는 결론을 얻게 되었다. 그래서 펀드 투자 회사를 통하여 가능성을 타진하였는데, 문제는 R사의 자금 사정이 안 좋아서 회사 A를 인수

할 여력이 없다.

이런 상황에서, 여러분은 A회사의 대표 입장에서 아래에 제시된 의사결정 플래너를 작성하여 문제의 해결 방안을 찾아가 보자. 다음과 같은 질문을 고려하여 작성해본다. 부록에 첨부된 양식을 사용하여 작성하면 된다.

- 현재 S사의 사업 철수 전략이 회사 목적 체계에 비추어 보았을 때 목적의 달성과는 어떤 갭(Gap)이 있는가?
- 위기에 부닥친 회사 A가 목적에 부합하면서 문제를 해결할 수 있는 대안은 무엇이 있을까?
- 여러가지 대안들 어느 대안이 목적을 달성하는 데 가장 효과적인가?

02

변화 적응 리더십 (Adaptive Leadership) 모델

제2장

변화 적응 리더십
(Adaptive Leadership) 모델

> "강하거나 지능이 높은 자가 아니라, 변화에 적응하는 자만이 살아남는다."
>
> -찰스 다윈-

글로벌 리더가 현지에서 부닥치게 될 두 번째 중요한 도전은 현지 스태프들과 어떻게 소통하고 협업할 것인가이다. 특별히, 아직 기술적으로 미숙하고, 업무 절차에 적응하지 못한 현지 스태프들이 있을 때 그들과 상호작용(interaction)을 하여 목표한 성과를 달성하는 것은 큰 도전이다.

일보다 사람이 더 어렵다는 말이 있다. 특히나, 다른 문화권의 현지 스태프들과 소통하고 현지 관행에 적응해가야 하는 글로벌 리더의 역할은 결코 쉽지가 않다. 이처럼 새로운 변화에 적응하는 것이 더욱 어려워지는 이유는 우리의 경영 환경이 복잡하여지고(Complex system), 통상적인 접근 방식이 아닌 창조적인 적응 방식이 필요하기 때문이다. 그래서 이런 복잡한 경영 환경에서도 역할을 제대로 수행하기 위해 주재원들에게 꼭 필요한 것이 바로 변화 적응 리더십(Adaptive Leadership)이다.

PARS 경영 모델의 두 번째 모듈인 변화 적응 리더십(Adaptive Leadership) 모델은 크게 세 가지 필수 요소를 가지고 있다. 내비게이션(Navigation), 커뮤니케이션(Communication), 자율 조정(Self-correction)의 3가지 인데, 변화 적응 리더십 모델은 3가지 필수 요소의 영문 첫 글자를 따서 NCS 모델이라고 부른다. 이 장에서는 NCS 모델 각각의 필수 요소들을 실천하는 데 필요한 기법과 적용 방법을 구체적으로 알아보도록 하겠다.

함께 일했던 리더들에게서 이런 고충을 많이 듣는다.

"자기 역할이 뭔지 또 왜 이 일을 하는지도 모르는 팀원 때문에 앞이 캄캄해요."

"정신은 딴 데 팔려 있고 의욕도 없는 팀원들 때문에 힘들어 죽겠어요."

그런데 반대로 이러한 리더와 함께 일하는 팀원들의 마음은 어떨까를 생각해보자.

"팀장님이 대체 나에게 무엇을 바라는지 모르겠어."

"나는 회사가 무얼 하려고 하는 것인지 잘 이해되지도 않는데 나보고 무얼 어떻게 하라는 거야."

이렇게 리더와 팀원들 모두를 힘들고 막막하게 하는 중요한 이유 중 하나는 리더와 구성원들 간에 역할 기대(Role expectation)가 다르기 때문이다. 기대가 서로 달라서 같이 일하기 힘들고 팀워크가 깨지는 상황은 회사 안에서 언제나 직면하게 되는 고질적이면서 풀기도 어려운 문제이다.

저자도 이러한 문제에 부닥쳐서 어려움을 겪은 적이 있다. 미국 현지 공장에서 신제품 개발 책임을 담당할 때의 일이다. 신제품 테스트를 하기 위하여 미리 만반의 준비를 하고, 생산 라인이 쉬는 시간에 테스트 일정을 잡으려 동분서주하고 있었다. 그런데, 라인에서 테스트를 주관해야 할 엔지니어가 가족과 저녁 약속 때문에 연장근무를 하지 않겠다고 한다. 1초가 아까운 그 시점에 가족과 식사 약속 때문에 일을 못 하겠다고 하니 정말 멱살이라도 잡아다가 일을 시키고 싶은 마음이 들었었다. 하지만, 그렇게 할 수는 없고 어쩔 수 없이 신제품 테스트를 다음으로 미룰 수밖에 없었다. 처음엔 어이도 없고 화도 많이 났다. 그런데 생각할수록 결국은 내가 잘못했다는 생각이 들었다. 내게는 정말 중요한 신제품 테스트였지만 그 엔지니어에게는 그저 또 다른 연장 근무에 지나지 않았던 것이다.

정말 제대로 일을 하려 했으면 엔지니어와 사전에 이렇게 소통을 하면 얼마나 좋았을까 하는 생각이 들었다. "톰, 이 신제품 개발은 회사의 성패가 달려있는 중요한 의미 있는 일입니다. 이번 테스트를 제대로 해낼 사람은 톰 당신밖에 없어요. 나는 당신이 꼭 해 낼 거라고 믿습니다."

이런 경험을 통해 필자가 깨달은 것은, 리더는 일의 의미에 공감을 얻어내고, 팀원에게 일의 가치를 찾아줘야 한다는 것이었다. 그럴 때에 리더와 팀원 간에 서로의 역할 기대에 대한 공감대가 형성될 수가 있다.

이런 깨달음을 잘 표현해준 리더십의 권위자가 있다. "리더십은 일에 의미 있는 목적을 부여하여, 목적을 달성할 수 있도록 총합적 노력을 이끌어 내는 것이다."Jacobs & Jaques

리더십의 권위자도 리더십의 핵심은 의미와 가치를 찾아가는 과정이라는 데에는 생각이 일치하는 것 같다.

지금 설명한 의미와 가치는 리더십 이론 중에 서번트 리더십(Servant Leadership)과 내재적 동기 이론(Intrinsic motivation)의 핵심 내용이기도 하다. 서번트 리더십은 그 특성으로 존중, 인내, 헌신 등을 강조한다. 또 내재적 동기 이론에서는 가치 있는 일을 좀 더 잘하고자 하는 욕구를 강조한다. 이들 연구가 제시하는 리더의 특성들이 제대로 발휘되기 위해서는, 리더가 팀원들의 의미와 가치를 제대로 이해하고 인정해 주는 것이 전제가 되어야만 한다.

앞으로 소개하게 될 변화 적응 리더십은 특별히 언어와 관습이 다른 문화권에서 현지 스텝들과 같이 일을 해야 하는 글로벌 리더가 어떻게 하면 팀원 및 동료들과 일의 의미와 가치를 공감하고 공유할 수 있을 것인가를 다루게 될 것이다.

본격적인 설명에 들어가기에 앞서 변화 적응 리더십 모델에서 다루게 될 내용을 함축적으로 표현하여 주는 김춘수 시인의 '꽃'이라는 시를 리더십 관점에서 해석해보는 시간을 갖고자 한다.

많은 사람들이 좋아하고 암송하기도 하는 이 시를 소개하는 이유는 이 시 속에 변화에 적응하는 리더십의 통찰(insight)이 들어 있기 때문이다. 김춘수 시인은 '꽃'이라는 제목을 붙였지만, 리더십을 강의하는 저자는 이 시가 "리더의 노래로 들린다. 특별히, 외국의 다른 문화권 직원들과 함께 리더로서 업무를 수행해야 하는 주재원들이 어떤 마음으로 팀원들을 대하여야 하는지를 일깨워준다고 생각한다. 어떤 면에서 그렇게 해석을 하는지, 변화 적응 리더십의 기법을 소개하기 전에 먼저 김춘수 시인의 꽃에 담긴 리더십의 통찰을 살펴보면서 리더의 마음가짐을 배워보자. 그러면 리더십 관점에서, '리더의 노래' 김춘수의 꽃을 다시 한번 살펴보자.

꽃

중략.

내가 그의 이름을 불러주었을 때
그는 나에게로 와서
꽃이 되었다

중략.
누가 나의 이름을 불러 다오
그에게로 가서
나도 그의 꽃이 되고 싶다

중략.
너는 나에게
나는 너에게
잊혀지지 않는 하나의 눈짓이 되고 싶다

이 시를 왜 "리더의 노래라고" 하는지를 이해하기 위해 시의 1연과 2연을 리더의 입장에서 이렇게 재구성해 보자.
"내가(리더) 팀원인 그에게 의미를 부여하기 전에는
그는 다만
가치 없는 몸짓에 지나지 않았다

내가 팀원의 가치를 깨닫고, 의미 있는 일을 맡기었을 때,
그는 비로서 나와 한 팀이 되어
성과를 맺는 꽃이 되었다"

무슨 얘기를 하고 있는 것일까? 리더와 팀원 간에 의미 있는 관계가 형성이 되면, 가치 없던 몸짓이 성과라는 열매를 맺는 아름다운 꽃으로 변하는 놀라운 일이 우리 팀 안에서도 생길 수 있다는 것이다.

필자가 한번은 팀장들과의 모임에서 가장 기억에 남는 회사 동료는 누구냐고 물은 적이 있었다. 팀장들은 공통적으로 이런 대답을 했다. "정말 어려운 일을 맡아서 고생을 직사리 같이 했던 동료들이 제일 기억에 남고 지금까지도 서로 연락을 합니다." 그러면서 고생한 얘기를 자랑처럼 한다. 이것은 고생을 같이 하는 과정에서 팀원들 간에 오랫동안 기억에 남을 만한 전우애 같은 의미 있는 관계가 맺어졌다는 것이다. 앞으로 어려운 과제를 맡으면 한숨만 쉬지 말고 우리 팀이 드디어 의미 있는 관계를 맺을 기회가 왔다고 생각을 하자.

그리고, 팀원에게 일을 맡길 때 어떤 의미가 있는 일인지 꼭 설명을 해주면서 이렇게 말을 해주자. "당신이 이 과제를 맡을 수 있는 가장 적임자입니다." 리더가 팀원의 가치를 인정해주고 일의 의미를 부여해준다면 그 팀원은 리더를 결코 실망시키지 않을 것이다.

시의 3연과 4연도 리더의 입장에서 이렇게 재구성해 보자.

"리더인 내가 팀원의 가치와 의미를 알아 주었듯이
나의 가치를 알아주는
누구 그런 팀원이 있어주면
나도 그와 같이 꽃처럼 피어나고 싶다

우리들은 모두
자신의 가치를 인정받고 싶어 한다
리더인 나와 팀원인 네가
서로가 서로에게 잊혀지지 않는 의미 있는 존재가 되자"

이렇게 바꿔 읽어 보면 3연과 4연은 리더의 속마음과 다짐을 얘기하는 것 같다.

그리고 왠지 지쳐있는 팀장님 들이 생각이 나서 숙연해진다. 리더들이 일하기 힘들다고 하소연을 하면 저자의 귀에는 이렇게 들린다. "나도 여기저기 치여서 힘들고 우울해 죽겠어, 누가 나 좀 위로해줘." 리더들은 이런 기분이 들 때 자존심 세우지 말고 팀원들에게 이렇게 말해 보기 바란다. "나도 지치고 힘들어. 나도 좀 이해해주라." 시인의 표현을 빌면 "나도 꽃이 되고 싶어. 나 좀 도와줘."일 것이다. 그런데, 안타깝게도 이렇게 말했는데도 팀원이 모르는 척할 수도 있다.

그래도 상처받지 말자. 리더의 외로운 고백은 처음에는 팀원을 당황스럽게 할지도 모른다. 하지만 리더의 인간적인 모습을 보고 팀원들은 마음을 열어 리더를 반드시 응원해 줄 것이라는 것을 경험을 통해서 나는 믿는다.

리더는 외로운 자리이다. 냉랭한 팀원들을 향한 짝사랑을 하는 자리이기도 하다. 그래서 많은 리더들이 낙타처럼 혼자 짐을 지고 가는 것이 당연한 것으로 받아들이기도 했다. 그러나 앞으로는 혼자 짐을 지려 하지 말자. 무거운 짐도 같이 지는 것이고, 의미와 가치도 같이 나누는 것이다.

김춘수의 꽃을 리더의 노래로 재해석을 시도한 것이 행여 시의 아름다운 감동을 떨어뜨렸을까 걱정이 되기도 한다. 딱딱한 내용일 수밖에 없는 경영학 책이 지루할 수도 있을 것 같아, 양념처럼 시를 불러와서 전달하고자 하는 내용의 핵심을 전달하고 싶었다. 김춘수의 꽃은 리더들이 꼭 명심해야 하는 '의미'와 '가치'라는 개념을 시적으로 너무나 잘 표현하였다고 생각이 들어서 나름대로 뜻을 해석하면서 소개를 하였다.

01 >> 복잡계 환경(complex system)과 변화 적응 리더십

변화 적응 리더십이 왜 필요한지를 이해하기 위해서는 우리가 직면한 환경이 어떤 성격을 갖고 있는지를 먼저 알아야 한다. 지금의 환경은 예외 없이 복잡계 시스템이다(Complex system). 이것의 의미는 우리는 더 이상 원인과 결과가 수학 방정식처럼 예측이 되는 명확한 직선적 세상에서 사는 것이 아니고, 원인은 있지만 변수(Agent)들의 상호작용 때문에 전혀 예상치 못할 결과(Emergent Properties)가 발생하는 세상에 살고 있다는 것이다.

예를 들면 고가의 시계들은 수많은 톱니바퀴들이 연결이 되어 시간의 정확도를 높인다. 그러나, 시계는 여전히 직선적 인과 관계를 가지고 있고, 이를 정밀(complicated)하다고 하지 복잡(complex)하다고 하지는 않는다.

복잡계 시스템의 예를 들면 우리가 매일 직면하게 되는 교통 체증 현상을 들 수 있다. 교통 신호 체계, 운전자들의 개별적 운전 습관 같은 변수들의 상호작용으로 때론 이해하기 힘든 교통 체증을 일으키기도 하는 것이다.

그래서, 이러한 복잡 시스템 속에서도 생존하기 위해서는 무엇을 해야 하는 가를 고민할 수밖에 없는 것이다. 이런 전혀 예상치 못할 결과(Emergent Properties) 의 불확실성에 대응하기 위해 갖추어야 것이 바로 복잡계 적응 시스템(Complex Adaptive System)이다.

복잡계 적응 시스템의 예를 들면, 바다 물고기 한 무리가 물 속에서 떼로 움 직이는 모습이나 철새들이 무리로 이동을 할 때 군무를 추는 듯한 모습이 대표 적인 복잡 적응 시스템이다. 이들에게는 그런 대오를 이끌어 가는 리더가 따로 없다. 다만 물고기나 철새 한 마리 한 마리가 각기 변수로서 상황에 대처하여 움 직이게 되면 그 옆에 있는 물고기와 철새들이 또 거기에 맞춰 나름대로의 움직 임을 갖게 되는 것이 우리가 보게 되는 대규모 매스게임처럼 보이는 경이로운 무리의 움직임이다.

이런 물고기와 철새의 복잡 적응 시스템을 살펴보면 두 가지의 특성을 찾게 된다. 그것은 상호작용(interaction)과 자율 조정(self-correction)이라는 과정이다. 물 고기와 철새 각 개체들은 바로 옆에 동료가 어떤 움직임을 갖고 있는지를 인지 하고, 그 움직임에 대응하여 적절하게 자기 스스로의 움직임을 변화시킨다. 이 렇게 끊임없는 상호작용과 자기 조정이라는 복잡계 적응 시스템을 통해서 이들 은 거친 자연환경 속에서도 생존을 이어갈 수가 있는 것이다.

복잡계 적응 시스템(Complex Adaptive System)

- **Complex 환경이란?**
  에이전트 간의 상호작용에 의해 예측 어려운 창발 현상이 발생하는 환경

- **복잡계 적응 시스템이란?**
  (Complex Adaptive System)
  에이전트들이 상호 작용과 자율 조정을 통해 생존력을 높이는 구조

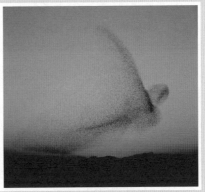

출처: 미디어판다, 야생동물 사진작가 다니엘 비버(Daniel Biber)

변화 적응 리더십을 배워야 하는 필요성은 바로 우리가 직면한 사업 환경이 그리고 특별히 전혀 다른 문화권에서 사업을 할 때 직면하게 되는 환경이 복잡

계 시스템(complex system)이기 때문이다. 그래서 이를 극복하고 생존할 수 있기 위하여는 앞서 설명한 상호작용과 자기 조정이 우리 조직 안에서 상시적으로 일어날 수 있는 복잡계 적응 시스템을 갖추어 한다. 이렇게 만들어 가는 것이 바로 변화 적응 리더십인 것이다(Adaptive leadership).

급류와 같은 기업환경에서는 리더가 구령만 외치는 것은 더 이상 의미가 없다. 급류 속에서는 보트에 탄 모든 사람들이 각자 자신의 위치에서 할 수 있는 바를 다하고, 이들 간의 역동성이 서로 균형을 이룰 때 보트는 생명을 보전하며 목적지에 이를 수 있다.

복잡계 시스템에서는 이처럼 리더가 모든 것을 다 할 수 없다. 구성원 스스로 최선의 행동을 불러일으키도록 만드는 것이 가장 좋은 성과를 이룰 수 있다. 조직 구성원들이 서로 영향을 주고받으며, 이러한 상호작용 과정 속에서 구성원 스스로가 지속적인 적응과 진화를 통해 최적의 솔루션을 창출해 내어야 생존과 발전을 해 나갈 수 있다.

따라서 변화 적응 리더십은 구성원과의 상호작용을 통해 구성원 스스로의 행동과 개선활동으로 문제를 기회로 만들어가도록 하는 리더의 역량이라고 할 수 있다.

그래서 변화 적응 리더(Adaptive Leader)를 다른 말로 촉매제(Catalyst)라고 부르기도 한다. 변화 적응 리더와 촉매제의 공통점은 사람들의 행동을 불러 일으킨다는 것이다. 리더가 녹초가 되도록 혼자 일하는 것이 아닌 조직 구성원의 자발적인 행동을 통해 높은 성과를 만들어 가는 것이 가장 효과적인 리더십이라고 할 수 있다.

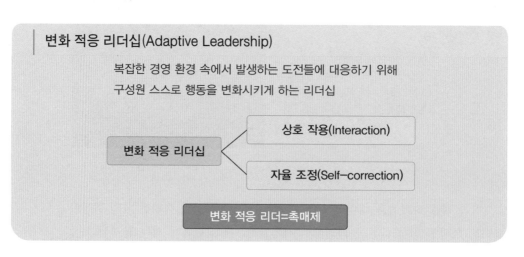

02 >> 변화 적응 리더십 모델 NCS

변화 적응 리더십(Adaptive Leadership) 모델 NCS는 세 가지 필수 요소가 있다고 하였다.

- 첫 번째 요소인 내비게이션(Navigation)은 조직이 당면하고 있는 사업의 도전적 상황과 이 때문에 구성원들이 갖게 되는 요구 사항들에 대해 구체적으로 파악을 하는 단계이다. 이 단계에서는 도전과 요구사항들의 특징을 이해하고 여기에 맞는 솔루션을 찾는 것이 중요하다.

- 두 번째 요소는 커뮤니케이션(Communication) 단계로 구성원의 요구를 해결할 솔루션에 대해 공감대를 형성하여 구성원들이 자발적, 의욕적으로 담당 과제에 몰입을 할 수 있는 마인드를 조성하는 것이다. 이 단계에서는 소통의 절차적인 방식과 정서적인 접근 방식에 대한 이해가 필요하다.

- 세 번째 요소는 자율 조정(Self-correction) 단계로 리더의 피드백과 동료들과의 상호작용을 통해서 구성원이 스스로 일하는 방법을 진화시켜 나가게 하는 것이다. 이 단계에서는 효과적인 코칭 기법과 피드백 기법에 대한 이해가 필요하다.

변화 적응 리더십을 발휘하기 위해서는 내비게이션(Navigation), 커뮤니케이션(Communication), 자율 조정(Self-correction) 이 세 가지 요소가 순환적으로 반복적으로 이루어져야 한다. 이것은 환경이 지속적으로 변화되기 때문에 시기적절하게 NCS 프로세스를 실행하여야 하고 각각의 단계에서 발견된 사실들이 재반영이 되어야 한다는 의미이다.

변화 적응 리더십의 기본 역량은 감성 지능(Emotional intelligence)이다. 리더가 자신의 감성 상태뿐만 아니라 팀원들의 감성을 이해하고 공감할 수 있어야 NCS 프로세스를 효과적으로 수행할 수가 있다. 이러한 감성 지능에 대해서는 커뮤니케이션 기법을 설명할 때와 4장 수퍼 리더십을 설명할 때 자세히 설명하게 될 것이다.

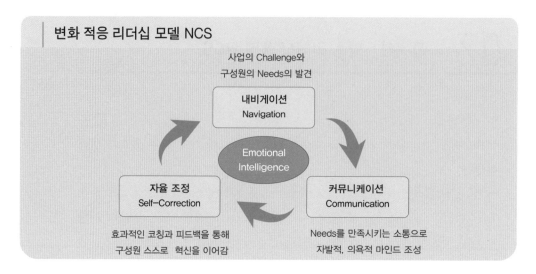

지금부터는 변화 적응 리더십의 목적을 달성하기 위하여 각각의 필수 요소들을 실천하는 데 필요한 기법과 적용 방법을 구체적으로 알아보도록 하겠다.

03 〉〉 내비게이션(Navigation)

우리는 늘 새로운 문제나 도전에 직면하고 있다. 이 상황을 우리는 도전적(challenge) 상황이라고 표현한다. 도전이라는 용어를 쓰는 이유는 모든 도전에는 위험요소(risk)도 있지만 기회가 또한 그 속에 숨어있기 때문이다. 변화 적응 리더십의 필수요소인 내비게이션은 우리 조직의 내·외부에 존재하는 다양한 도전적 상황과 기회요인을 인식하는 데부터 시작을 한다.

사업의 도전적 상황(business challenge)

복잡계 환경(complex system)하에서 발견하게 되는 사업의 도전적 과제를 특별히 변화 적응 도전(Adaptive challenge)이라고 부른다. 그 이유는 도전 과제의 다음과 같은 특성 때문이다.

- 새로운 지식과 방법을 통해서만 해결할 수 있다.

- 담당자 스스로가 문제의 해결점을 찾아가야만 한다.

이런 두 가지 특성을 고려하여 문제를 해결해가는 과정을 변화 적응 접근 방법(Adaptive approach)이라고 한다. 이 방법과 대비 되는 전통적인 문제 해결 방식은 기술적 접근 방법(Technical approach)이라고 부른다. 기술적 접근방식은 현재의 문제점에 대해 기존 기술의 보완 방법으로 시간, 수량, 속도, 강도 등을 변화시키어 문제를 해결하는 방법이다.

이 두 가지 방식을 예를 들어 설명을 한다면, 코로나 펜데믹으로 인해 회사에 같이 모여서 근무하는 집단 근무 형태가 위생상 위험하게 되었을 때에, 이 문제를 해결하기 위한 솔루션을 찾는 과정에서 차이를 발견할 수가 있다.

기술적 접근 방식으로 아래와 같을 조치들을 대부분 회사들이 취했다.

- 재택 근무를 한다.
- 백신을 모두 맞는다.
- 출근 시에는 손 소독, 체온 측정, 거리 두기를 한다.

그러나, 변화 적응 접근 방식으로 아래와 같은 실행을 취한 회사도 있다.

- 온라인 쇼핑 사업 또는 택배 사업에 투자한다.
- 무인 매장 시스템 사업에 투자한다.
- 회사 건물을 매각하고 거점 별 공유 사무실을 운영한다.

두 가지 접근 방식의 이해를 위해 한가지 더 사례를 들어보자. 재택 근무로 인하여 업무 생산성이 낮아지고 성과 관리에 어려움이 생기는 경우가 발생하였다. 이 것을 해결하기 위한 솔루션을 두 가지 접근 방식으로 찾아본다면 아래와 같은 것들이 있다.

기술적 접근 방식

- 회사 업무 플랫폼 접속 기준으로 근무 시간 관리
- 입력한 스케줄에 따른 성과 진도 관리
- 리더와 1대1 온라인 미팅 정기화

변화 적응 접근 방식

- 온라인 교육 플랫폼 도입
- 온라인 코칭 제도 도입
- 일인 사무실 운영
- Gig 경제(계약직 전문가) 도입

코로나 팬데믹하에서 발생할 수 있는 위의 두 가지 사례에서 발견할 수 있는 것처럼, 기술적 접근 방식은 도전적 상황에 단기적 대응을 할 수는 있어도, 새로운 환경에 장기적으로 어떻게 적응할 것인지를 제시하지 못한다. 반면에 변화 적응 접근 방식은 도전과제 속에서도 위기를 찾고 도전에 적응할 수 있는 새롭고 창조적인 솔루션을 제시하는 것이다.

변화 적응 리더십의 첫 번째 필수 요소인 내비게이션은 이렇게 변화 적응 과제를 정확하게 찾아내고 변화 적응 접근 방식을 통해서 근본적 솔루션을 찾아가는 과정이다.

개인적 요구와 업무적 요구(Personal Needs & Practical Needs)

지금까지 내·외부로부터 발생한 도전적 상황에 대해 변화 적응 접근 방법으로 솔루션을 찾는 것을 이해하였다면, 이번에는 그러한 도전적 상황에서 담당 구성원이 갖게 되는 요구사항들에 대해 파악해 보겠다. 구성원의 요구 또는 욕구는 두 가지로 나누어 볼 수 있다.

첫째는 개인적 요구로 인간적 내면의 욕구나 감정 측면에서 결핍 상황에 처해 있을 때 갖게 되는 요구들이 해당된다. 예를 들면 자존심이 상함, 인정받지 못함, 분노, 걱정, 당황스러움, 자신의 의견이 받아들여지지 않음, 상대방을 이해할 수 없음, 고독함, 불안함 등을 들 수가 있겠다.

둘째로 업무적 요구는 담당 업무의 목표를 달성하기 위해 필요한 역량이나 스킬, 자원의 결핍 상황에 처하게 될 때 갖게 되는 요구들이 해당된다.

모든 사람들은 두 가지의 요구를 가지고 있다. 특히 리더들은 조직 내에서 높은 성과를 만들어 낼 수 있도록 조직 구성원들을 관리하기 위해서 그들이 가지고 있는 두 가지의 요구를 반드시 이해하고 대응을 해주어야 한다.

그러면, 앞에서 설명한 코로나 펜데믹 상황에서 구성원들이 갖게 되는 두 가지 요구를 생각해 본다면, 개인적인 요구로는 재택 근무라는 새로운 업무 방식에 적응하기 어려워 자신감도 떨어지고 성과를 어떻게 인정받을 수 있는지 혼돈스러울 수가 있다. 또, 혼자 일을 하는 형태이다 보니 잘하고 있는지도 모르는 불안감이 있을 수가 있다.

또, 업무적 요구를 생각해 본다면, 비대면 온라인으로 이루어지는 업무 프로세스를 능숙하게 할 수 없어 시스템 활용 교육을 받아야 하는 요구가 있을 수 있다. 또한, 비대면으로 일을 하다 보니 협력과 지원이 부족하여서 일하기 어렵고, 혼자 일을 수행하면서도 업무 성과를 낼 수 있는 방법을 알고자 하는 요구가 있을 수 있다.

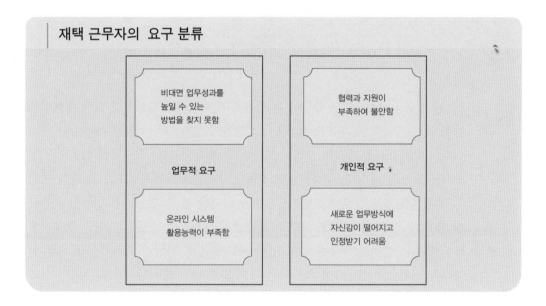

구성원들의 이런 두 가지 요구를 매트릭스로 만들어 본다면 유용한 통찰을 얻을 수가 있다. 구성원들이 일에 임하는 태도를 두 가지 요구에 대한 만족도 수준에 따라 아래 도표와 같이 네 가지 형태의 일하는 스타일을 그려볼 수가 있다.

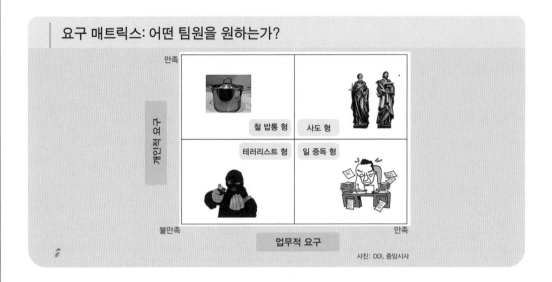

요구 매트릭스: 어떤 팀원을 원하는가?

사진: DDI, 중앙시사

　　많은 조직에서 볼 수 있듯이 철 밥통으로 표현되는 사람처럼 일에 대해서는 관심 없고 개인적인 이익만 챙기는 구성원들이 있다. 더 나쁜 경우는 아마 테러리스트처럼 조직을 자신의 개인적 또는 경력을 쌓기 위한 도구로만 이용해서 일보다는 요구가 더 많은 구성원들일 것이다. 또 일 중독자처럼 자기 일에만 초점이 맞추어져 있는 경우에도 단기적으로는 성과를 낼 수 있겠지만 번아웃 증후군에 빠질 수도 있다. 아마도 모든 리더들은 구성원들이 개인적 그리고 업무적으로도 최고의 만족도 수준을 갖고 있어 사도와 같이 자발적 의욕적인 태도로 일하기를 원할 것이다. 사실 조직에서 사도 그룹이 20%만 넘어가도 최고의 성과를 만드는 조직이라고 한다.

　　이 표에서 알 수 있는 것처럼 구성원들의 개인적 요구와 업무적 요구를 정확히 파악하고 이를 만족시킬 수 있는 리더십이 있는지 여부에 따라 구성원의 태도가 결정되고 이에 따라 조직의 성과가 좌우된다고 하겠다.

　　변화 적응 리더십 NCS 모델의 첫 번째 필수 요소인 내비게이션 과정에서는 이렇게 구성원들의 숨겨진 요구를 정확하게 찾아내는 것이고 다음에 소개될 소통의 과정을 통해서 이를 만족시킬 수 있는 솔루션을 찾아가는 단계를 밟게 된다.

　　지금까지의 설명을 요약한다면, 변화 적응 리더십의 내비게이션은 사업이 직면한 내·외부 환경 속에서 변화 적응 도전이 무엇인지를 찾아내고 또한 구성원들은 이런 어려운 도전하에서 어떤 개인적 또는 업무적 요구가 있는지를 바로 이해하는 것이다. 그리고 이런 도전과 요구를 해결하기 위하여 기술적 접근 방식과 변화 적응 접근 방식을 균형 있게 적용하여 장단기 근본적 해결 방안을 찾는 것이다.

내비게이션 실습

이번에는 지금까지 앞에서 소개한 내비게이션 단계를 실제 사례에 적용하는 실습을 하려고 한다. 다음에 소개하는 사례는 넷플릭스 다큐멘터리 'American Factory'에 나오는 중국 자동차 유리 회사 Fuyao가 미국 현지공장을 정착시켜 가는 과정에서 발생하는 도전적인 상황이다.

1. 미국 현지 공장의 생산성이 중국 본사 공장보다 떨어져서 생산량 목표 수준에 미달하므로 Fuyao 경영진은 고민이 많음. 생산성이 낮은 이유는 공정의 불안정, 현장 인력의 숙련도 낮음, 현장 기능 간에 통합 문제 등 다양함. 그래서, 현지 공장의 경쟁력을 높이기 위하여 본사에서는 자동화의 필요성이 제기되고 있음. 그러나, 급속한 생산 현장의 변화는 현지 구성원들에게 해고의 불안감을 조성할 수 있기 때문에 신중할 수밖에 없음. 자동화를 도입하려는 Fuyao는 어떤 절차를 밟아 이를 실행에 옮겨야 할까?

2. 최근에 구성원들의 근무 환경에 대한 불만이 고조되고 있음. 또한 환경오염 폐기물의 불법적인 처리에 대해서도 구성원들의 지적이 있었음. 중국 본사에서 행하던 관행들이 미국 환경에선 용납이 되지 않기 때문임. 주재원인 당신은 현지 조직 문화화 구성원의 불만 처리를 담당하고 있다. 중국에서의 관행을 버리고 미국 현장에 맞는 새로운 조직문화를 정착시키려면 어떤 절차에 따라 실행해야 할까?

이와 같이 Fuyao가 당면한 새로운 변화가 필요한 상황에서 내비게이션 단계에서 소개한 기법을 적용하여 어떤 변화 적응 도전이 있고 구성원 입장에서는 어떤 요구가 있을지를 검토해보자. 검토를 하는 초점은 다음과 같다.

- 현 상황에 관련된 구성원은 누구인가?
- 사업적 또한 인적 측면에서 해결해야 하는 도전은 무엇인가?
- 도전을 해결하기 위해 기술적 접근방식과 변화 적응 접근 방식에는 어떤 것이 있을까?
- 구성원은 어떤 개인적, 업무적 요구사항을 갖고 있는가?

다음의 예시를 참조하여 검토를 하면 도움이 될 것이다.

사례1. 작성 예시

논의 주제	자동화 도입에 따른 공장 운영상 변화에 대응하기		대상자	공정 엔지니어	일시	
Navigation	문제 상황	사업적 도전	매뉴얼 설비에서 자동화 설비로 이전 과정 중에 공정의 안정적 운영으로 제품의 품질과 생산량에 영향을 주지 않도록 하는 것			
		구성원 요구	자동화 설비 도입에 따른 구성원의 고용 불안을 해소하는 것			
	사업적 도전 해결 방안	기술적 접근 방법	자동화 설비 업체와 설계에서 시운전까지 긴밀한 협력. 기술 재교육 프로그램 개발, 공정 프로세스 재정립, 전환 배치			
		변화 적응 접근 방법	생산하는 제품 포트폴리오 변경, 새로운 공정 기술의 도입 주재원 현지화를 통해 인력 운영 안정성 확보,			
	구성원 요구 해결방안	업무적 요구	새로운 설비 운전 기술 습득 기회. 직무 전환 교육, 업무 멘토 제공			
		개인적 요구	1대1 면담 등을 통해 해고 불안, 직무 변경, 업무 로드 변경 등의 우려를 해소해줄 소통 기회 가짐			

04 >> 커뮤니케이션

지금부터는 변화 적응 리더십 NCS 모델의 두 번째 단계인 커뮤니케이션에 대해서 설명하려고 한다. 일반적으로 커뮤니케이션이라고 하면 나의 생각과 의도를 상대방에게 전달하고 상대방의 의견을 받아들이는 과정으로 생각할 수 있다. 그런데, 우리가 학습하는 변화 적응 리더십에 일치하는 적합한 정의를 내린다면 다음과 같다.

"커뮤니케이션은 구성원들의 개인적, 업무적 요구를 충족시켜서 자발적 의욕적인 두뇌 활용을 통해 최고 수준의 성과를 얻을 수 있도록 하는 것이다." 간단히 말하면, 커뮤니케이션은 구성원들의 개인적 또한 업무적 요구를 충족시키는 과정이 되어야 한다는 것이다. 여기에서 '자발적'(Voluntarily)이고 '의욕적'(Willingly)인 '두뇌 활용'(Brain engagement)을 간단히 첫 글자만 따서 VWBE라고 부르기도 한다.

구성원의 요구를 충족시킨다는 것을 또 다르게 설명한다면, 조직의 목표와 구성원의 요구 간에 갭이 발생하지 않도록 목표와 실행 과제에 대한 공감대를 형성한다는 것이다.

앞서 김춘수의 시를 통하여서 변화 적응 리더십을 실행에 제대로 옮기기 위해서는 일의 의미와 가치를 공감하고 공유할 수 있게 하는 것이 가장 중요한 기본임을 설명하였었다.

이번에는 저자가 첫 번째 미국 주재원으로 파견되었을 때 경험을 공유해보고자 한다. 파견된 곳은 우리 회사가 인수 합병은 하였지만 독자 경영을 유지하고 있었던 미국 자회사였다. 이 회사는 종업원이 120명 정도로 모두 미국 현지인이었고 주재원 저자만 한국인이었다. 부임을 하고 처음 받았던 인상은 현지 구성원들이 주재원을 마치 본사의 스파이처럼 생각하는 것 같았다. 당시 저자는 신제품 개발을 담당하였었는데, 회의를 해도 잘 끼워주지 않고 정보도 잘 공유하지 않았다. 그리고, 심지어는 회의 때 분명히 얘기를 했는데도 못 들었다고 발뺌을 하는 경우도 있었다. 회의 문화가 다르고 언어도 유창하지 않으니 커뮤니케이션에 어려움이 있을 수도 있다. 게다가 피인수 회사의 조직에서 흔히 나타나는 인수 회사의 경영 관여에 대한 견제 심리 같은 것이 있었던 것 같다. 당시 상황은 커뮤니케이션 측면에서 말하자면, 대화를 할 수 있는 환경도 열악하고 생산적인 대화도 되지 않았던 것이다. 주재원으로 나갔지만 제 역할을 수행하지 못하고 있다는 자괴감에 많은 고민을 할 수밖에 없었던 시간이었다.

이런 어려운 상황에서 저자가 적용했던 해법은 현지 스탭들과의 커뮤니케이션을 정형화하는 것이었다. 그래서 먼저 모든 경영 회의에서 나눈 대화들을 가능한 상세하게 문서화하는 것에서 시작을 하였다. 꼭 회의록을 작성해서 이메일로 보내고 문서화된 정보는 공유를 하였다. 그리고, 대화를 할 때에는 왜(Why)와 무엇(What)으로 시작하는 질문을 계속 하여서 문제의 원인을 찾아가고 솔루션을 찾아가는 방법을 적용하였다. "왜"라는 질문을 하면서 그들의 일하는 방법들을 이해할 수 있었고 또한 문제의 원인을 명확화할 수가 있게 되었다. "무엇"이라는 질문을 통하여서는 문제 해결에 집중하여 생산적인 대화를 만들어 갈 수가 있었다.

그렇게 6개월 정도를 열심히 하면 지나고 나니 커뮤니케이션의 혼란은 더 이상 일어나지 않았다. 그리고 현지 직원들과 신뢰 관계도 형성할 수 있었다. 1년 뒤에 저자는 그 회사의 최고 책임자 자리를 맡게 되었는데, 그것을 가능할 수 있게 만든 것은 모두 올바른 커뮤니케이션을 할 수 있었던 덕분이라고 생각을 한다.

간단히 저자의 경험을 통해서 글로벌 사업 현장에서 올바른 커뮤니케이션 방법을 알고 있는 것이 얼마나 중요한지를 살펴보았다. 그러면, 지금부터는 구성원의 요구를 충족시키고 공감대를 형성할 수 있는 커뮤니케이션 방법에 대해서 살펴보려고 한다.

커뮤니케이션의 절차적인 접근 방식

커뮤니케이션 방법은 절차적인 접근방식과 정서적 접근방식 측면에서 살펴볼 수가 있다.

우선 절차적인 접근방식은 대화를 이끌어 가는 순서를 말하는데, 주제 명확화(Clarify) → 해결점 찾기(Develop) → 실행 합의(Agree)의 3단계를 밟게 된다. 이 순서의 알파벳 첫 글자를 따서 간단히 CDA라고 부르자.

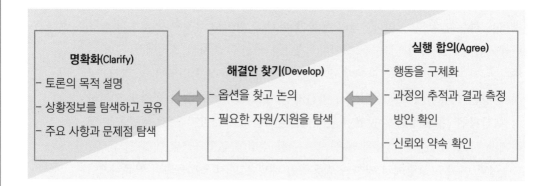

명확화 단계(Clarify)에서는 대화를 하는 목적이 무엇인지, 문제가 무엇인지, 대화의 대상은 이 문제를 해결하는 데 어떤 이슈를 갖고 있는지를 구체화하는 것이다. 이렇게 함으로써 대화 참여자들 간에 대화 주제에 대한 이해의 출발선

을 같이 할 수가 있다. 명확화 단계를 보다 효과적으로 소통하기 위해서는 데이터를 수집하는 것이 매우 중요하다. 이렇게 주제를 명확화하면 다음 단계에서 초점을 잃지 않고 생산적인 대화를 이끌어 갈 수가 있다.

해결점 찾기(Develop) 단계에서는 대화 상대가 해결 방안을 찾는 데 주체적으로 참여하여야 함을 이해시키는 것이 중요하다. 구성원 스스로 문제를 해결하고 행동을 개선하기 위해서는 자신의 아이디어와 계획이 중요하기 때문이다. 그래서 대화 상대가 생각하고 있는 해결 방안들을 먼저 경청하고, 각각의 방안들이 갖고 있는 제약 조건을 고려하면서 실제적인 해결 방안을 모색하도록 해야 한다.

실행 합의(Agree) 단계에서는 앞 단계에서 도출한 해결 방안들 중에서 일의 우선순위를 정하고, 전체 일정과 중간 점검 목표에 대해 상호 합의를 하는 것이다. 이때 리더는 정보의 공유, 협력할 관계자 등 지원을 어떻게 할 것인지를 명확히 하여서 지속적인 실행력을 갖도록 하는 것이 중요하다. 실행 합의 단계는 서로의 신뢰와 약속을 하면서 마무리를 하면 된다.

커뮤니케이션의 정서적인 접근 방식

정서적인 접근 방식은 내비게이션 단계에서 파악한 대화 대상의 개인적 또한 업무적인 요구에 대해 공감대를 형성하여, 과제에 자발적으로 참여하게 하고, 지원할 사항을 구체화하여 문제 해결에 자발적, 의욕적, 몰입(VWBE)이 되도록 하는 것이다. 이 방식의 핵심 단어인 공감(Empathy), 참여(Involvement), 지원(Support)의 알파벳 첫 글자를 따서 EIS로 기억하면 되겠다.

공감으로 반응하라. Respond with Empathy

우리는 사람들의 성공과 실패, 자부심과 좌절감 등의 감정을 거의 매일 접한다. 누군가가 자신의 감정을 말 또는 행동으로 드러낼 때, 우리는 공감하면서 경청하고 반응함으로써 당신이 상대방을 이해하고 있다는 것을 표현할 수 있다. 표현을 할 때에는, 사실과 느낌 모두에 반응을 나타낸다. 또한 부정적인 감정은 누르고 긍정적인 느낌으로 공감을 표해야 한다.

만일 상대방이 감정을 잘 드러내지 않는다면 질문을 통해서 감정 상태를 이해할 수 있겠다. 우리는 상대 의견에 동의하지 않더라도 그 사람이 느끼는 감정에는 공감할 수 있다. 또한 공감 과정을 통해서도 사람은 타인으로부터 존중 받고 스스로 자부심을 느낄 수 있게 되어, 혁신적인 사고를 하며 업무에 전념할 수 있다.

공감 과정에서 또한 중요한 것은 나의 생각과 느낌도 솔직하게 공유하여 상대방의 신뢰를 얻는 것이다. 신뢰를 구축하는 한 가지 입증된 방법은 직접 말하지 않으면 다른 사람이 알 수 없는 생각, 느낌, 이유를 공유하는 것이다. 공유할 때, 다음을 기억하자.

- 느낌과 의견을 적절히 나타낸다. 공유하는 내용이 해당 상황과 관련이 있어야 한다.
- 결정, 아이디어 또는 변화 뒤에 감춰져 있는 '이유(whys)'를 알려 준다. 사람들은 막연하게 짐작할 때보다 어떤 일이, 왜, 일어나고 있는지 알고 있을 때 업무에 더 몰입할 수 있다.
- 우리의 아이디어, 의견 및 경험이 상대의 아이디어나 의견, 경험을 대신하는 것이 아니라 보충하는 역할을 하는 것임을 분명히 한다.
- 솔직해지도록 한다. 진실된 느낌을 나타냄으로써 신뢰 관계를 구축할 수 있고 다른 사람들로 하여금 문제점들을 새로운 관점에서 바라보도록 도움을 줄 수 있다. 어렵거나 민감한 이슈를 편하게 논의할 수 있는 열린 분위기를 조성하도록 돕는다.

참여를 독려하라. Encourage Involvement

팀원들의 역량을 최대한 이끌어내기 위해서는 먼저 그들의 아이디어와 의견을 구해야 한다. 그 아이디어가 실행 담당자로부터 나온다면 업무 몰입도는 더욱 커지고 성공 가능성도 높아진다. 더불어, 상대에게 도움을 요청하고 참여할 수 있도록 독려할 때, 우리가 그들의 의견과 능력을 가치 있게 여긴다는 점을 보여주게 된다. 이와 관련하여, 다음을 기억하자.

- 참여하도록 독려하는 것을 최우선으로 한다.
- 개방형 질문을 통해 상대의 아이디어를 이끌어 낸다.
- 참여를 통해 사람들의 책임감과 헌신을 독려한다.

책임을 다하도록 지원하라. Support Responsibility

일을 제대로 못한다고 못마땅해 하며 본인이 대신 업무를 처리하는 것은 상대방의 자신감을 떨어뜨리는 것이다. 반대로, 업무에 대한 책임은 팀원에게 그대로 두면서 리더가 지원을 제공하면 팀원은 맡은 업무나 과제에 대하여 잘 해 낼 수 있다는 자신감과 더불어 업무 수행에 대한 주인의식(ownership)이 생긴다. 이를 위해 다음 사항을 기억하도록 한다.

- 상대방이 스스로 생각하고 행동하도록 돕는다.
- 업무를 대신 처리해버리고 싶은 유혹을 떨쳐 버리고, 본래 담당자가 업무를 책 임지도록 한다.
- 당신이 리더로서 지원할 수 있는 것을 현실적으로 판단하고, 지원하기로 약속 한 것은 지킨다.
- 담당자가 직무를 수행하는 데 필요한 자원을 제공하고, 장애물을 제거하기 위 해 힘쓴다.

커뮤니케이션 적용 실습

절차에 따라 대화를 이끌어 가는 것이 중요하듯이, 대화의 상대가 열린 마 음으로 대화를 할 수 있도록 하는 정서적 접근 방식도 커뮤니케이션의 매우 유 용한 방법이라고 하겠다. 앞에서 제시한 세 가지 정서적 접근 방식은 리더와 구 성원 간의 상호작용에서 매우 중요한 역할을 하는 것을 확인하였다. 이는 언어 를 통해 리더의 가치와 의도가 전달되기 때문이다. 리더는 팀구성원과의 상호작 용을 통해 그들의 요구를 발견하고 그 요구를 충족시키는 대화 스킬을 잘 활용 할 때 자발적 의욕적으로 몰입하는(VWBE) 상황을 만들 수 있다.

그러면, 실제 사례에 적용을 익히기 위하여 아래와 같은 상황에서 개인적인 요구를 찾아내고 정서적 접근을 어떻게 적용할지를 검토해보자.

상황1. 지난 달, 팀장인 톰은 줄리에게 어떤 중요한 프로젝트를 이끌도록 맡 겼다. 줄리의 동료인 린다는 그녀를 새 프로젝트의 리더로 받아들이는 것에 힘 들어 하고 있다. 이에 줄리의 지시를 린다가 따르지 않는 경우가 여러 번 발생됐 고 줄리는 톰의 사무실로 찾아와 사정을 호소한다. "어떻게 해야 할지 모르겠어 요. 존중하는 마음으로 린다를 대하는데 그만큼 린다로부터 존중받지 못하는 것 같아서 정말 속상해요."

내비게이션과 커뮤니케이션 기법을 고려하여 다음의 질문에 답하여 보자.

- 줄리의 개인적 요구는?
- 줄리와 소통 시 고려해야 할 정서적 접근 방식은? 공감, 참여, 지원 측면에서:
- 줄리와 소통을 시작할 때 적정한 표현은?

상황 2. 주재원이 현지 스태프를 지원하는 슈퍼바이저 프로그램을 도입하였다. 그런데 주재원 A는 현지 스테프 B와 갈등이 발생하였다. 다음은 B가 팀장에게 갈등 현상을 호소하는 내용이다.

"제 슈퍼바이저가 저한테 소리를 지르기 시작했어요. 저는 이쪽에서 잘 해왔다고요. 근데 바꾸라고 하잖아요. 한 번에 여덟 박스씩 하라고 해요. 저걸 여기까지 밀고 오라고 한다니까요. 이미 이 문제를 여러 번 얘기했었어요. 슈퍼바이저도 잘 알고 있다니까요."

- 현지 스태프 B의 개인적 요구는?
- B와 소통 시 고려해야 할 정서적 접근 방식은? 공감, 참여, 지원 측면에서:
- 팀장이 B와 소통을 시작할 때 적정한 표현은?

05 >> 자율 조정(Self-Correction)

변화 적응 리더십 모델 NCS의 세번째 필수요소는 자율 조정(Self-correction)이다. 앞부분에서 자연이라는 복잡계 시스템(complex system) 속에 철새와 물고기들은 개체들 간의 상호작용 속에서 각자의 움직임을 자율 조정한 결과 생존에 가장 적합한 군무 대형을 만들게 되었다고 설명하였다.

복잡계 시스템 중에 하나인 우리가 속한 조직 속에서도 자율 조정(Self-correction)이 일어날 수 있는데, 이것은 팀원이 일을 실행할 때, 리더의 피드백과 동료들과의 상호작용을 통해서 스스로 일의 방향성을 수정하고 일하는 방식을 개선하여 일을 진화시켜 나가는 것을 말한다.

변화 적응 리더십은 이러한 자율 조정 프로세스가 조직 안에서 자연스럽게 일어날 수 있도록 환경을 조성하고 유지하는 역할을 수행하는 것이다.

넛지 기법(Nudge technique)

리더의 직접적인 지시가 아닌 참여자들이 자율적으로 바람직한 방향으로 행동을 개선해 나가도록 하는 기법 중에 잘 알려진 방법이 넛지(Nudge) 기법이다.

베스트셀러 '넛지'의 공동저자이자 미국 오바마 정부에서 정보 규제국 실장을 맡아 버락 오바마 대통령의 '공공 정책 멘토'로 불리는 선스타인(Cass Sunstein)교수는 "넛지는 그 누구에게도 그 무엇을 강요하지 않으면서도 인간의 삶에 큰 변화와 파급효과를 가져오는 것을 의미한다"고 하였다.

조직 구성원이 스스로 문제를 해결하도록 인사이트와 아이디어를 만들어 주기 위해 넛지 테크닉을 이해하면 변화 적응 리더십을 실천하는 데 많은 도움이 될 것이다.

여기에서는 대표적인 넛지 기법 세 가지를 설명하려고 한다.

먼저 기본 설정(Default) 방식을 이해하기 쉽게 사례를 들어 설명하려고 한다.

오스트리아와 독일 중 어느 나라가 장기 기증율이 높을까? 정답은 오스트리아이다. 독일의 장기 기증율은 12%인 반면에 오스트리아는 거의 100%에 가깝다. 이유는 오스트리아는 사망자가 생전에 거부의사를 밝히지 않으면 자동으로 장기 기증에 동의한 것으로 간주한다. 반면 독일은 한국과 마찬가지로 기증을 원하는 사람에 한해 신청을 받기 때문이다. 즉 오스트리아는 장기 기증을 장려하기 위하여 사망 시에 장기 기증을 기본 설정(Default)으로 만들어 놓았던 것이었다.

기본 설정으로 만들어 두어 사람들의 행동을 유도하는 기법은 많은 곳에서 발견할 수가 있다. 아래 그림에서 보는 바와 같이 소변기에 파리 그림을 과녁처럼 만들어 놓는다든지 계단을 피아노 건반처럼 만들어 뛰지 않고 한 계단씩 걷도록 하는 것도 기본 설정의 방식이다.

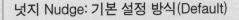

넛지 Nudge: 기본 설정 방식(Default)

마케팅 차원에서 보험이나 통신사 약정에도 자주 볼 수 있는데, 기본 옵션을 두어 철회 시에만 원하지 않는 것을 제거하는 방식을 사용하는 것을 볼 수가 있다.

이와 같이 기본 설정 방식은 사람들이 다른 선택이 가능함에도 불구하고 초기 설정을 그대로 받아들이려는 경향이 있으며 어떤 단위의 정책을 설계할 때 '처음의' 결정이 매우 중요하다는 것을 증명한 기법이다.

넛지 기법 중 또 다른 대표적인 기법에는 닻 내림 효과(Anchor effect)가 있다.

와인 판매점에서 아무도 살 것 같지 않은 매우 비싼 와인을 전시해 놓는 경우를 자주 볼 수가 있는데 이는 닻 내림 효과를 얻기 위해서이다. 높은 가격은 닻 내림과 같이 사람들의 인상에 남는다. 그래서 판매점에서는 고가의 와인 보다는 수익이 많이 남는 중간 가격의 와인을 매력적인 가격으로 생각되도록 하는 효과를 얻게 되는 것이다.

사람들의 심리적 관점에서는 어떤 정보도 단일하게 처리되지는 않는다고 한다. 닻 내림 효과는 전염성이 있으며, 모든 것은 다른 것과의 비교를 통하여 판단된다는 심리 효과를 이용한 기법이다. 결국 사람들은 기준점(즉 닻이 내려진 곳)을 근거로 해서 공정성을 판단한다는 심리적 원리를 적용한 기법이다. 세상에서 공정함에 대한 시비가 계속 발행하는 이유를 추론할 수가 있다.

넛지 기법에서 자주 사용되는 방식 중에는 사회적 증거 효과(Social Proof)가 있다. 아래의 세 가지 문구는 어떤 효과를 만들어 내는지 생각해보자.

- 호텔 손님의 75%가 수건을 재사용합니다.
- 현재 온라인 숍에서 저의 아이템을 130명이 보고 있습니다.
- 모든 상담원이 응대 중이니 다시 전화해 주십시오.

이런 문구를 보게 된다면 사람들은 다른 사람들이 하듯이 수건을 재사용 하거나, 아이템을 찾아보거나, 다시 전화를 하는 행동을 할 가능성이 높아질 것이다.

이와 같이 사회적 증거의 효과는 사람들이 빨리 의사결정을 하게 하는 의사결정의 지름길이라고도 한다. 사람들은 의사결정을 할 때 다수의 선택이 믿을 만하다고 판단되면 굳이 장황한 설득은 필요가 없어지게 되고, 오히려 사회적 증거를 통해 설득 과정이 손쉽게 진행될 수 있게 된다.

사회적 증거 효과는 친구 따라 강남 간다는 우리의 정서와 일치하는 것 같기도 하다.

넛지 기법 비즈니스 적용 사례

아래에 제시된 세 가지 사례는 실제로 현업에서 있었던 문제들이다. 이런 문제들을 해결하기 위해, 앞에서 소개한 3가지 넛지 기법들을 어떻게 적용할 수 있는지를 알아보자(출처: 미네르바 대학).

넛지 사례1)

귀하는 Virgin Airlines의 CEO이다. 상승하는 항공기의 연료 비용은 이익에 부정적인 영향을 미치고, 이는 주가에도 영향을 미칩니다. 당신의 목표는 넛지 기법을 사용하여 비행기 조종사가 연료를 덜 사용하도록 영향을 미치는 것이다. 어떤 넛지 솔루션을 제시하겠습니까?

사례1은 연료를 절감하는 여러가지 방법을 실험하는 검증을 통해서 넛지 방식이 가장 크게 효과적으로 성과를 만든 사례이다. 항공사는 조종사가 절감한 연료 비용의 일부를 조종사의 이름으로 기부를 할 수 있게 하였는데, 이 방식은 모든 사람이 자선 기부하는 것을 가장 가치 있게 여기는 사회적 증거 효과 심리를 이용한 사례라고 하겠다.

넛지 사례 2)

당신은 Uber에서 운전자의 성과책임을 담당하고 있습니다. 데이터 과학자가 많은 횟수의 짧은 구간에서 운전자가 일하게 하는 것보다 긴 시간 동안 일하게 하는 것이 훨씬 더 효율적이라는 결론을 내린 보고서를 보여주었습니다. 3일 후에 고위 팀과 회의를 갖고 넛지 기법을 통해 운전자가 더 긴 구간을 운전하도록 하는 방법을 제안해야 합니다. 당신은 어떤 넛지 솔루션을 제시하겠습니까?

사례2에서 우버는 운전자의 미터기에 기본적으로 항상 다음 구간의 요금 표시가 나타나도록 설정해 놓음으로 다음 구간을 자발적으로 가게 하도록 운전자의 행동을 변화시킨 사례이다. 즉 기본 설정(Default) 방식을 적용한 것이다

넛지 사례3)

귀하는 Google에서 건강 및 피트니스를 담당하고 있습니다. 최근 보고서는 Google의 무료 카페에서 소비되는 건강에 해로운 스낵의 양을 보여주었습니다.

보고서에서 M&M이 건강에 해로운 스낵 중 가장 인기가 있음을 알 수 있습니다. 직원이 M&M 소비량을 줄이도록 하는 방법을 찾아내려고 합니다. 이 목표를 달성하기 위해 넛지 기법을 어떻게 사용할 수 있습니까?

사례3에서 구글은 직원의 M&M 소비량을 줄이는 방법으로는 상대적으로 작은 패키지를 추가로 만들어 이를 선택하게 만들어 효과를 본 사례다. M&M이 가득 찬 병에서 맘대로 덜어내어 먹는 한 가지만의 선택 대신에 칼로리가 낮은 작은 M&M 패키지를 선택하도록 닻 내림 효과(Anchor effect)를 활용한 것이다.

효과적인 피드백 Feedback

리더 자신과 조직 구성원의 자율 조정(Self-correction)을 위한 가장 핵심적인 스킬은 피드백이라고 할 수 있다. 누구나 자신의 행동을 객관적으로 바라보기 어렵기 때문에 누군가의 피드백이 필요하다. 피드백을 통해 잘한 일은 더 잘할 수 있게 하고 개선은 신속하고 정확하게 이루어지도록 할 수 있다.

알고 보면 우리는 늘 상호간에 피드백을 주고 받는다. 그러나 때론 이 피드백을 통해 오히려 의욕이 좌절되거나 자신감이 떨어질 때도 많다. 그러나, 효과적인 피드백은 스스로의 행동 변화를 통해 조직의 성과를 높일 수 있다.

이러한 효과적인 피드백을 하기 위해서는 적시성, 균형성, 구체성이라는 요건을 갖추어야 한다.

시의적절하게(Timely) 긍정적인 피드백을 제공하면 긍정적인 행동과 결과가 한층 더 강화된다. 또한 개선을 위한 피드백을 시의적절하게 제공하면 상대방은 자신의 업무 수행 방식을 바로 조정하고 향상시킬 수 있다.

균형성(Balanced)을 갖추어야 하는 이유는 질적, 양적으로 더 나아져야 하는 부분에만 초점을 두고, 잘한 점은 인정하지 않는 피드백은 상대방의 자존심에 상처를 주게 되기 때문이다. 우수한 성과만을 언급하는 피드백도 마찬가지로 효과적이지 못하다. 상대방이 더 발전하도록 도울 수 있는 기회를 놓치는 것이기 때문이다.

구체성(Specific)을 갖춘다는 것은 상대방이 무엇을 성취했는지(또는 성취하지 못했는지)를 정확하고, 측정 가능한 용어로 얘기하는 것이다. 구체적인 데이터를 목표치와 비교하면 목표에 근접했는지 아니면 방향을 수정해야 하는지 알 수가 있다. 구체적이기 위해서는 상대방이 어떻게 결과를 달성했는지 설명할 수 있어야 한다. 목표달성을 위해 어떤 행동을 취하였고, 조직이 표방하는 가치 중 어떤 것을 추구하였는지, 그리고 그 방법이 왜 효과적인지를 데이터를 가지고 설명할 수 있어야 구체성을 갖추었다고 할 수가 있다.

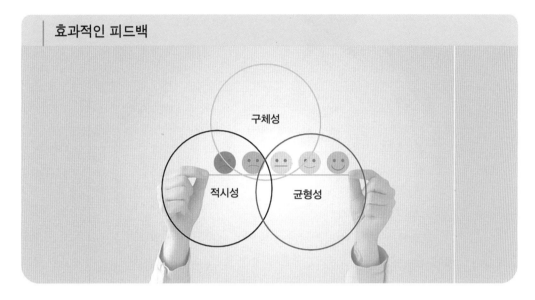

효과적인 피드백

STAR 피드백

효과적인 피드백이 되기 위해서는 3가지 요건, 즉 적시성, 균형성, 구체적을 갖추어야 한다고 하였다. 그리고, 피드백은 주는 사람과 받는 사람 모두 긍정적인 감정이 형성되어야 한다.

비난받는 느낌이나 막연한 칭찬이 아닌 자신감과 자존감을 높일 수 있는 피드백 방법으로 리더십 컨설팅 회사인 DDI에서 연구한 STAR 피드백 기법을 소개하려고 한다.

STAR 피드백은 언제 어떤 상황과 과제(Situation & Task)가 있었는지, 어떤 행동 또는 말을 했는지(A), 그래서 어떤 결과가 있었는지(R) 이렇게 네 가지를 전달하는 것을 STAR 피드백이라고 한다.

잘한 일에 대한 피드백은 긍정적인 피드백이라 하고 STAR만 전달한다. 개선이 필요한 일에 대한 피드백은 대안을 채택했을 시 결과(Alterative result)를 의미하는 AR을 추가로 붙여 STAR/AR 피드백으로 전달한다.

STAR의 순서는 바뀌어도 상관없지만, STAR의 요소 중 한 가지만 빠져도 효과적이지 못한 불완전한 피드백이라고 할 수 있다.

STAR Feedback

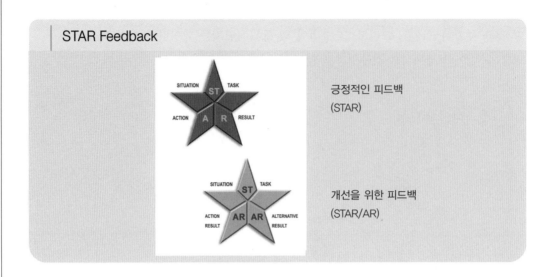

긍정적인 피드백
(STAR)

개선을 위한 피드백
(STAR/AR)

STAR 피드백 예시

피드백은 직접 만나 전달하는 방법이 대부분이나 원격지나 온라인의 업무관계에서는 메일로 STAR 피드백을 활용할 수 있다. 아래의 예시는 이메일을 통해서 긍정적인 STAR 피드백을 하는 사례이다.

STAR 피드백 예시

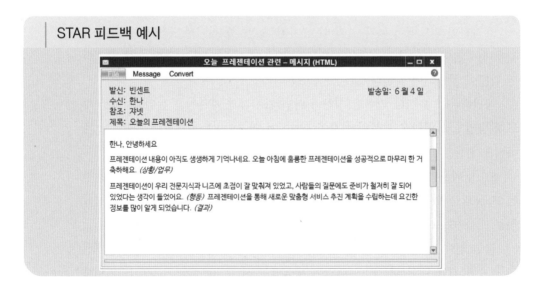

다음의 예시는 개선을 위한 피드백이다. 예시에서 보는 것처럼 대안의 AR을 리더가 직접 주는 방식도 있지만, 질문을 통해서 피드백을 받는 구성원이 스스로 책임감을 가지고 자신의 아이디어를 말하게 하는 방법이 더 효과적일 수 있다. 그래서 피드백을 주는 리더는 질문 방식으로 참여를 유도하는 AR을 피드백으로 제공하기도 한다.

개선을 위한 피드백 사례

ST 다가오는 테크놀로지 쇼케이스 기획 회의를 소집했을 때, 당신은 그 행사 인력을 모으기 위해 동분서주하고 있었어요.

A 그런데 투입될 인원의 근무시간이나 책임사항 등에 관한 구체적인 설명 없이 그 부서 책임자에게 쇼케이스 지원인력을 투입해달라고 요청하더군요.

R 결과적으로 인력 요청이 회의에서 별로 중요하게 다루어지지 않았고, 그 부서장은 자기 인력을 투입해야 하는 시점과 근무시간 등을 정확히 알 수가 없어서 지원을 꺼려했어요.

A 구체적인 시간 계획표와 투입되는 인력들이 처리해야 하는 업무 리스트 등이 담긴 일정표를 공유했더라면 어땠을까 싶어요.

R 그렇게 했더라면, 다른 사람들이 그 행사를 도울 수 있을지의 여부를 보다 쉽게 결정했을 것이고, 본인 역시 인력을 지원받아야 하는 범위를 좀 더 쉽게 파악할 수 있었을 겁니다.

이 사례에서 리더는 다음과 같이 질문들을 통해 대안 행동을 모색하고 결과를 강화하는 선택을 할 수도 있다.

A 어떤 행동을 취했더라면 그 부서 책임자가 자신의 팀원들이 시간을 할애하도록 할 수 있었을까요?

R 그런 대안 행동이 필요한 인력을 구하는데 어떤 도움을 줄 수 있었을까요?

그러면, 다음의 예시를 통해서는 STAR/AR의 구성요소들을 구분해보자.

STAR 예시 1

"어제 팀 미팅에서 업데이트된 설계에 대해, 당신은 창조적이고 실용적인 대안들을 제시해줬어요. 본인이 제시한 대안들을 활용하게 되어 우리는 소중한 시간을 아낄 수 있었고 업무도 다시 활력을 얻을 수 있었습니다. 주도적으로 의견 제시해줘서 고마워요."

STAR 사례1은 긍정적 피드백이다. 구성요소를 찾아 보면 문장에서 "어제 팀 미팅에서"까지가 ST이다. 실용적인 대안들을 제시해주었다는 것이 A이고, R은 시간을 아꼈고 업무 활력을 얻게 되었다는 것이 된다.

STAR 예시 2

폴, 지난 주에 보내준 우리 신상품 수요 예측 자료를 방금 살펴봤어요. 자료를 보니 신규 예측 툴(Tool)과 참고자료는 아직 사용하지 않았다고 되어 있던데요. 그 전망치를 보면 우리 지역 고객 관리 담당자의 목표치보다 약 25퍼센트 정도 낮게 나와 있어요. 이 예측 툴과 참고자료를 사용한다면, 우리 제품의 혁신적인 디자인에 관심을 보일만한 수요를 추가로 파악하는 데 도움이 될 거예요.

STAR 사례2는 개선을 위한 피드백이다. 지난주 수요예측자료 작성 상황이 ST이다. A는 신규 예측 툴을 사용하지 않은 것이고, R은 그래서 전망치가 잘못된 것이다. 대안의 A는 예측 툴과 참고자료를 사용한다면, 예상되는 결과 R은 수요를 파악하는 데 도움이 될 거라는 것이 된다.

지금까지 변화 적응 리더십 NCS 모델의 세 번째 요소인 자율 조정(Self-Correction)을 잘하게 하기 위한 방법론으로 피드백에 대하여 설명을 하였다. 조직구성원의 행동 중 성과에 영향을 미치는 중요한 STAR일 경우 피드백을 주고받을 뿐 아니라 회사의 평가제도와 연결할 수도 있고, 코칭으로 연결하여 계속적인 역량 강화에 도움을 줄 수도 있다.

06 변화 적응 리더십 모델 NCS 실습

지금까지 글로벌 리더의 경영 모델 PARS의 두 번째 모듈인 변화 적응 리더십(Adaptive Leadership) 모델의 세 가지 필수 요소에 대해 설명하였다.

- 내비게이션(Navigation): 조직이 직면한 도전 과제들을 명확히 정의하는 단계
- 커뮤니케이션(Communication): 구성원들의 요구에 대한 진솔한 대응으로 자발적, 의욕적으로 일에 몰입하는 분위기 조성
- 자율 조정(Self-correction): 리더의 피드백과 동료들과의 상호작용을 통해서 일 처리 방법의 진화를 만들어 가는 것

이제는 학습한 경영 기법을 사례에 적용해보는 실습을 하려고 한다. 아래에 설명된 사례는 마케팅 컨설팅 회사의 프로젝트 팀원인 필립이 자기의 프로젝트 리더와 갈등을 겪고 있는 상황에서 전체 팀장인 톰이 필립과 커뮤니케이션을 통해서 프로젝트 리더와의 갈등을 해결하려고 하는 것이다(사례 출처: DDI).

- 사례 등장 인물: 총괄 팀장 제임스, 팀원 필립, 필립의 프로젝트 리더 이사벨

필립은 현재 진행중인 온라인 영업 팀의 시스템 업그레이드 작업에 배정된 IT 기술자로, 프로젝트 팀 리더인 이사벨이나 다른 팀원에 대해 비협조적이다. 자신이 이번 업그레이드 작업을 완수하기 위한 중요한 기술 역량을 보유하고 있음을 잘 알고 있지만 팀 리더와는 다른 방식을 취하고 있다. 그 결과 혼란이 초래되어 프로젝트는 현재 예정된 일정보다 뒤쳐져 있는 상황이다.

〈필립의 인적 사항〉

- 이 조직에 IT 기술자로 4년 동안 근무해 왔다. 탁월한 지식과 기술을 가지고 있지만, 때때로 자신의 의견을 타인에게 강요하는 경향을 보이고 있다.
- 자신이 시스템 업그레이드에 책임자로 지명되었어야 한다고 생각한다. 하지만 원만하지 못한 대인관계와 팀 구축 기술 부족으로, 그는 책임자로 선정되지 못한 것이다. 이전 미팅에서 제임스는 이번 결정의 이유를 필립에게 알려주었지만, 그는 아직 분이 풀리지 않은 상태이다.

- 프로젝트 팀 리더인 이사벨은 필립에게 촉박한 시한을 맞추기 위해 함께 협력하자고 지난 미팅에서 얘기한 바 있다. 하지만 그 미팅에서 필립은 호응하지 않았고, 화가 난 상태로 그녀에게 비협조적이었다.

디스커션 플래너(Discussion planner) 작성

이 실습에는 아래 양식과 같은 디스커션 플래너를 사용하게 되는데 주어진 양식에 NCS Model을 순차적으로 적용하여 기록하는 것이다. 총괄 팀장인 제임스는 필립을 만나 필립의 현재 상황을 해결하기 위한 협의를 준비하면서 디스커션 플래너를 미리 작성하여 활용하려고 한다.

위에 제시된 사례 설명을 자세히 읽고 변화 적응 리더십 모델 NCS의 프로세스에 따라서 여러분도 작성하여 보기 바란다. 실습은 부록에 첨부된 양식을 사용하여 작성하면 된다. 참조할 수 있도록 작성 예시를 첨부하였다.

디스커션 플래너(Discussion Planner)

논의 주제			대상자		일시	
Navigation	문제 상황	사업적 도전				
		구성원 요구				
	사업적 도전 해결 방안	기술적 접근 방법				
		변화 적응 접근 방법				
	구성원 요구 해결방안	업무적 요구				
		개인적 요구				

		절차적 접근 방식	정서적 접근 방식
Communication	명확화 Clarify	• 이 토론의 목적을 설명하십시오. • 이 토론의 중요성을 확인하십시오.	☐ 공감 ☐ 참여 ☐ 지원
	해결안 찾기 Develop	• 상황에 대한 정보를 탐색하고 공유하십시오. • 이슈와 우려사항들을 탐색하십시오.	☐ 공감 ☐ 참여 ☐ 지원
	실행 합의 Agree	• 아이디어를 찾고 논의하십시오. • 필요한 자원/지원을 탐색하십시오.	☐ 공감 ☐ 참여 ☐ 지원
자율 조정 Self-correction	Nudge Techniques		Feedback 1
	기본 설정 Create Default		S/T
			A
			R
			A
	닻내림 효과 Anchor Effect		R
			Feedback 2
			S/T
	사회적 증거 Social Proof		A
			R
			A
			R

CHAPTER 02

제임스 팀장의 디스커션 플래너(예시)

논의 주제	시스템 업그레이드 프로젝트에 관해 팀 리더 와 팀 멤버들과의 협력관계가 필요함.		대상자	필립	일시	
Navigation	문제 상황	사업적 도전	프로젝트 일정이 늦어지고 있으며 회사의 시스템 업그레이드 실패 시 금년 사업성과에 부정적인 영향을 미칠 것임			
		구성원 요구	프로젝트 팀 전체가 혼란에 빠져 있으며 필립은 화가 난 상태로 비협조적임			
	사업적 도전 해결 방안	기술적 접근 방법	핵심 업무 담당자의 신속한 교체			
		변화 적응 접근 방법	필립의 역량을 활용하여 주도적으로 프로젝트 일정을 완수하도록 함			
	구성원 요구 해결방안	업무적 요구	프로젝트 과제 수행 팀 협력의 중요성 인식과 대인관계 스킬 역량 제고			
		개인적 요구	필립의 역량 인정하여 자존감을 갖게 함			

	절차적 접근 방식	정서적 접근 방식
Communication 명확화 Clarify	• 이 토론의 목적을 설명하십시오. • 이 토론의 중요성을 확인하십시오. 토론을 하는 이유를 언급. 과제를 완수하는 데 있어 필립이 취하고 있는 접근방식의 접근이 혼란을 불러일으키고 있으며, 이로 인해 프로젝트가 지연되고 있음. 필립이 이자벨의 지시를 존중하지 않고 있는 것에 대한 우려를 필립과 공유. 필립이 팀에서 합의한 프로세스를 왜 따르지 않고 있는지 질문.	☑ 공감 ☐ 참여 ☐ 지원

해결안 찾기 Develop	• 상황에 대한 정보를 탐색하고 공유하십시오. • 이슈와 우려사항들을 탐색하십시오. 프로젝트가 원활하게 그리고 기한 내에 이루어지려면 팀원들과 협업하는 것이 중요하다는 것을 강조. 어떻게 더 나은 업무관계를 구축할 것인지에 대해 필립이 갖고 있는 아이디어 탐색. "당신의 지식과 경험이 이번 프로젝트에 절실히 필요합니다." "프로젝트 때문에 사람들과 협업한다는 것이 쉽지 않다는 것 이해합니다."	☑ 공감 ☑ 참여 ☐ 지원	
실행 합의 Agree	• 아이디어를 찾고 논의하십시오. • 필요한 자원/지원을 탐색하십시오. 필립에게 질문. "본인이 취해야 할 다음 단계들은 어떤 것이 있는가?" 필립의 업무관계를 보다 향상시킬 수 있도록 그의 행동계획에 대해 동의를 표시. 필립이 첫 번째 행동을 취하고 나서 곧 이를 체크하고 함께할 것이라는 점 확인시킴. 이자벨 그리고 프로젝트 팀원들과의 협업을 위해 긍정적인 접근방법을 취해준 것 대해 필립에게 감사 표시.	☐ 공감 ☐ 참여 ☑ 지원	

CHAPTER

리스크 관리 리더십
(Risk Management Leadership) 모델

제3장

리스크 관리 리더십
(Risk Management Leadership) 모델

> "나의 42년 비행 경력은 Worst scenario를 대비한 시간이었다."
> -설리 설렌버거 기장-

실화를 소재로 한 영화 "허드슨 강의 기적"이 큰 관심을 받은 적이 있다. 이 영화는 2009년 1월 US airways 항공기가 허드슨 강에 기적적으로 불시착한 실화를 소재를 만들었다. 이륙한 지 몇 분 만에 비행기 엔진에 새가 빨려 들어가면서 항공기는 양쪽 엔진을 잃게 되었고, 기장은 추진력이 떨어진 항공기의 추락을 피하기 위해 회항을 할 것이냐 비상 착륙을 할 것이냐는 중요한 결정을 해야만 하는 순간을 맞는다.

이때 설리 기장은 허드슨 강에 비상 착륙을 하는 의사결정을 내렸다. 이런 설리 기장의 의사결정이 옳은지를 놓고 나중에 청문회가 열렸다. 회항하는 대안을 다양하게 시뮬레이션 해보았지만 그 결과는 모두 실패하였다. 결국 회항보다는 허드슨 강에 비상착륙을 한 것이 올바른 판단으로 인정이 된 것이다. 리스크 관리 관점에서 아래와 같은 질문을 해보자.

- 설리 기장은 그 짧은 순간에 어떻게 올바른 판단을 할 수 있었을까?
- 비행기 추락이라는 최악의 항공 참사 위기에서 한 명의 사망자 없이 위기를 극복한 것은 무엇 때문이었을까?

이러한 질문에 대하여서는 이 장의 후반부에서 가서 구체적으로 설명하게 될 것이다.

글로벌 리더들이 당면하게 될 세 번째 도전(Challenge)은 해외 사업장에서 예기치 않게 발생하는 위기 상황을 어떻게 관리할 것인가 하는 것이다. 영화 허드슨 강의 기적처럼 항공기의 엔진이 꺼지는 것과 같은 위기 상황이 우리 해외 사업장에서도 발생할 수 있고 그 결과는 비행기 추락과 같은 사업장 폐쇄까지 이어질 수도 있기 때문이다. 위기 상황이 발생하는 것을 피할 수 없다면, 우리가 할 일은, 그 상황이 재앙으로 확대되지 않도록, 위기를 미리 예측하고 사전에 관리하는 것이다.

본사에서 근무할 때는 축적된 경험과 위기를 해결할 리소스들이 준비되어 있어 관련부서와의 협력을 통하여 위기 관리를 할 수가 있다. 그러나, 경험이 부족한 해외 현장에서는 글로벌 리더 혼자 문제를 해결하기 위해 동분서주하는 경우가 종종 발생한다. 현지에서 부닥치는 위기도 다양하다. 공장 현장에서 발생하는 운영상의 문제 같은 내부 문제뿐만 아니라, 한국과는 다른 노동법과 환경 보호법 등 법률과 규제로 인한 외부 위기 상황도 수시로 발생하게 된다.

이런 상황에서 글로벌 리더들에게 절실하게 필요한 것이 바로 리스크 관리 리더십(Risk Management Leadership)이다. 특별히 위기를 사전에 예측하고 대비하는 예방적인 위기 관리를 위한 실제적인 경영 기법들을 익혀두어야 할 것이다.

이번 장의 목표는 영화에서 보여준 기적 같은 위기 관리 사례만 아니라 다른 다양한 현장 사례를 가지고 리스크 관리 리더십 모델의 기본을 이해하는 것이다. 이 장에서 소개하는 사례 속에는, 중국 자동차 유리 회사인 Fuyao가 미국 현지공장을 정착시켜 가는 과정을 다큐먼트로 만든 'American Factory'가 있다. 해외 현지 공장의 글로벌 리더들에게는 벤치마킹을 하는 좋은 기회가 될 것이다.

사례와 함께 언제 올지는 모르지만 반드시 찾아오는 위기를 대비하기 위하여 리더가 반드시 알아야 하는 다양한 리스크 관리 기법을 소개할 것이다. 이를 통해서 리스크 사례에 대한 간접 경험 수준을 높이고 리스크에 대한 감수성(Risk Awareness)을 향상시킬 수 있을 것이다.

이 장에서는 위기 관리를 위한 다음과 같은 기술적인 기법들이 소개될 것이다.

- 리스크 프로파일링(Risk Profiling)
- 리스크 측정 지표(Measure)
- 책임자 선정 양식(Accountability Table)
- 리스크 관리 레이다 차트
- 리스크 관리 워크시트

이런 기법들을 익히면서 다음과 같은 것을 얻을 수 있을 것이다.

- 리스크 발생시 근본원인과 진행상황. 그리고 결과를 예측하여 리스크 대응의 우선순위를 신속하게 판단할 수 있다.
- 리스크를 관리할 결과 지표 및 경과 지표를 도출하고 평가할 수 있다.
- 리스크를 통제하고 관리할 책임자를 명확히 세울 수 있다.
- 리스크 대응전략과 실행 과정을 이해관계자와 효과적으로 소통하게 한다.

01 >> 리스크 개념 잡기

리스크 관리 기법을 학습하기 위해서는 먼저 리스크의 개념을 명확히 이해할 필요가 있다. 이를 위해 통상적으로 혼용해서 쓰이는 세 가지 유사한 용어들을 비교해 보려고 한다. 불확실성(uncertainty), 재난(crisis), 도전(challenge) 이 세 가지는 유사한 듯하지만, 그것이 의미하고 강조하는 초점이 조금씩 다르다.

먼저 불확실성에 대해서 얘기를 한다면 보험이 좋은 사례가 될 수 있다. 대부분의 위험한 사건들은 확률을 추정할 수 있기 때문에 우리는 자동차나 생명보험과 같은 보험에 가입함으로써 그러한 불리한 결과로부터 피해를 보호할 수 있다. 그런데, 보도에 따르면, 코로나 유증상자는 전염병 보험을 드는 데 제한을 두거나 유보를 하는 보험사들이 많다고 한다. 그 이유는 자동차 사고는 리스크이지만, 코로나 전염병은 아직 불확실성이라고 보기 때문이다. 즉 리스크는 확률적으로 예측이 가능하지만 불확실성은 예측도 통제도 안 되는 것이기 때문이다.

2020년 코로나바이러스 대유행은 불확실한 상황에서 결정을 내리는 예이다. 전염병이 처음 발병했을 때 우리는 병에 걸릴 확률을 몰랐고, 병에 걸리면 죽을 확률도 몰랐다. 우리는 또한 누가 감염되었는지, 어떻게 감염될 수 있는지조차 알지 못했다.

어떤 일이 일어날지 모른다면 불확실성(Uncertainty)에 해당한다. 보험회사 입장에서는 리스크는 보장할 수 있지만 불확실성은 보장할 수 없는 것이다.

보험정보연구소에 따르면 1년 후 자동차 사고로 개인이 사망할 확률은 47,852분의 1이다. 일생 동안 교통사고로 사망할 확률은 608분의 1이다. 자동차를 타는 것은 가능한 결과와 발생할 확률을 알고 있기 때문에 리스크(Risk)의 한 예이다.

그러면 위기(Risk) 관리와 재난(Crisis) 관리는 어떻게 다를까?

위기 관리는 발생 가능한 사건에 선행적인 예방 활동에 초점이 있다고 한다면, 재난 관리는 예상치 못한 사건에 후행적으로 대응을 하게 된다. 즉, 위기 관리는 사업에 피해를 줄 수 있는 활동이나 이벤트를 사전에 식별, 평가하여서 완화하는 데에 초점이 있다.

재난(crisis) 관리는 예상치 못한 사건에 대응하기 위한 관리 및 복구에 초점을 둔 것이라고 할 수 있다. 예를 든다면,

- 홍수, 지진과 같은 자연 재해에 대한 대응
- 오래 근무한 CEO의 갑작스러운 사임
- 기부자, 자금 제공자 및 이해관계자의 신뢰에 영향을 미치는 사기, 배임 행위
- 성적 비행 또는 범죄 혐의
- 조직의 신뢰성을 훼손하는 자료 유출

만일에 사전적 위기 관리에 실패하게 되면, 피해 수습 중심의 재난 관리의 단계로 넘어가게 될 것이다.

그렇다면 위기(Risk) 와 도전(Challenge)은 어떤 차이가 있을까?

위기는 부정적인 피해에 초점이 있다고 하면, 도전은 기회에 초점이 있다고 하겠다. 즉, 위기는 잠재적 손실과 이의 예방 또는 완화에 초점을 둔다면, 도전은 그 원인 속에서 기회(Opportunity)를 찾는 해법에 초점이 있다고 하겠다.

예를 든다면, 마케팅 회의에서 고객 확보가 부진한 상황을 논의하기 위해 이슈를 던진다고 하자, 다음 두 가지 문제 제기 유형에서 어떤 차이를 발견할 수 있을까?

- 빨리 클라이언트가 확보되지 않으면 프로젝트를 계속 진행할 수 없습니다.
- 클라이언트가 의사소통이 잘 안 되는 것으로 알려져 있습니다.

첫 번째는 프로젝트가 진행될 수 없다는 피해를 강조하고 있지만, 두 번째는 의사 소통이 문제의 원인임을 제시하고 있다. 이러한 인식의 차이는 피해를

줄이는 대안을 찾게 할지, 원인을 해결해서 목적을 달성하는 대안을 찾게 할지를 결정하게 하기도 한다.

이런 면에서 본다면, 앞으로는 어떤 문제에 직면하게 되면 위기라고 부르기보다는 도전이라는 표현을 쓰는 게 더 나을 수도 있겠다. 하지만 여기에서는 통상적으로 쓰는 위기라는 표현을 사용하고 나중에 소개하게 될 리스크 대응 방법 가운데 리스크 속에서 기회를 찾아내는 방법을 사례를 통해 설명을 하려고 한다.

지금까지 설명한 리스크와 유사한 용어들을 간단히 정리한다면 아래 표와 같다.

리스크와 유사 개념 비교

Risk	Uncertainty
확률적으로 예상 가능 관리 및 통제 가능	예상하기 어려움 관리 및 통제하기 어려움

Risk Management	Crisis Management
사전적 관리 문제의 발견, 평가, 위기 발생 가능성 최소화	사후적 관리 사건 대응, 관리, 위기 피해 최소화

Risk	Challenge
잠재적 손실과 이의 예방 또는 완화에 초점	기회(Opportunity)와 적응을 위한 솔루션에 초점

02 >> 리스크의 유형

그러면 리스크의 유형에 대해서 조금 더 자세히 살펴보자. 리스크의 유형을 보통은 내부 리스크, 외부 리스크, 내/외부 복합리스크로 분류를 하는데 우리는 이 책의 논의 방향성에 맞도록 내부의 운영 리스크(operational risk)와 주로 외부에서 발생하는 전략적 리스크(strategic risk)로 분류하여 설명하려고 한다.

리스크의 유형

전략적 리스크: 주로 외부 리스크로 기회를 동반한 도전

- 경제적 Economic
- 사회 문화적 Socio-Cultural trends
- 기술적 Technological
- 법규와 규제 Legal / Regulatory
- 환경 Environmental

운영 리스크 Operational risk: 주로 내부 리스크

- 사업 프로세스 Business Process
- 관리 및 정보 Management and information
- 조직/행정 Organizational/Administration
- 인적 리스크 Human Capital/People risk

실제 사업 현장에서 발생하는 리스크의 유형을 살펴보면 매우 다양하고 복잡성을 지니고 있다. 먼저 전략적 리스크를 살펴본다면, 베네수엘라와 같은 중남미와 개발도상국에 투자한 많은 회사들이 직면하게 되는 가장 큰 리스크는 정치적인 리스크이다. 이것은 우리의 경우 개성 공단에 투자한 많은 중소 기업들이 남북 관계에 휘둘리어 어려움을 겪고 있는 것과 별반 다르지 않다고 하겠다.

이마트가 중국에서 20년 만에 철수하게 된 이유를 대개는 중국 정부의 규제, 수익성 악화를 들기도 한다. 그런데, 또 다른 이유로 중국 현지 직원들과의 부조화 문제, 즉 사회 문화적(socio-cultural) 리스크 관리가 문제였다는 지적도 있다.

최근에는 SHE(Safety, Health, Environment)의 중요성이 강조되고 ESG(Environment, Social, Governance)가 사회적인 화두가 되면서 전략적 리스크는 좀 더 확장되고 경영에 본질적인 위기가 될 수도 있는 상황이 되었다. 그래서 외부 리스크는 전략적 리스크가 될 가능성이 높다.

또한, 내부 리스크 또는 운영상의 위기(Operational risks)라고 분류되는 것들은 다음과 같은 것을 예로 들 수가 있다.

- 인프라 프로젝트의 비용 초과
- 사업 단위의 잘못된 관리
- 중대한 사건 보고에 대한 교육 및 지침 부족

많은 글로벌 리더들이 매일 현장에서 부딪치게 되는 운영 리스크, 즉 내부 리스크 또한 훨씬 복잡한 양상으로 전개되고 있다. 저자가 주재원 시절 경험한 크고 작은 내부 리스크를 생각해 보면 그 다양성을 알 수가 있다. 예를 든다면,

- 현지 스텝 채용 시 특정 인종으로 면접을 제한하여 인종차별 문제 발생
- 현지 스텝에게 사적인 일 처리를 지시해서 상사의 부당 행위 소송
- 해고 과정에서 해고자들의 반발을 사전에 대비하지 못해서 노사 갈등 발생
- 위험 화학 물질에 대한 현지 규제를 제대로 파악하지 못해 법규 위반 발생

이렇게 간단히 내부 리스크의 사례를 살펴보았지만, 사업 자체의 리스크는 여전히 존재하고 있으면서 사람 리스크(people risk)가 복합적인 문제로 비화될 가능성이 갈수록 커지고 있는 추세라고 할 수 있겠다. 여기에 대해서는 이 장의 후반부에서 더 자세히 다루게 될 것이다.

이렇게 리스크 환경이 복잡화(complex)되기 때문에, 글로벌 리더의 역할이 갈수록 중요해지고 특별히 현지에서 근무하는 주재원의 위기 관리 리더십이 중요해진다. 글로벌 리더들은 이렇게 다양한 유형의 리스크를 사전에 파악할 수 있어야 하고, 효과적으로 해결할 수 있는 리더십을 발휘해야 되는 막중한 책임을 지게 된 것이다.

리스크 관리의 진화

사실 우리는 리스크와 함께 살아간다고 해도 과언이 아니다. 그래서 리스크 관리도 전통적 관점에서 벗어나 새로운 환경 변화에 적응하기 위해 계속 진화를

해야 한다. 리스크에 대한 전통적 관점이라고 한다면 아래와 같은 자세이다.

- 리스크는 부정적인 것이고 통제되어야 함
- 리스크는 특정 부서가 관리하는 것임
- 리스크 측정은 주관적이고 정성적임
- 리스크 관리 기능은 분리되어 있음

반면에 진화된 관점의 리스크 관리는 리스크를 보는 관점이 다르다.

- 리스크는 기회도 될 수 있어서 전략적으로 관리할 필요가 있음
- 리스크는 전사적이고 통합적인 관점에서 관리되어야 함
- 리스크는 측정 가능해야 함
- 리스크 관리 활동은 경영 시스템에 통합되어 있어야 함

이와 같이 리스크 관리의 진화 방향성은 리스크는 사전적으로 예측되어야 하며 전사적 전략적 관점에서 경영 시스템에 통합되어야 한다는 것이다. 특히 조직의 리더는 전략적인 리스크 관리 리더십을 키워야 한다는 것이다.

전략적 리스크 관리 Strategic Risk Management

- Opportunity
- Maximize Opportunity (사업 기회의 극대화)
- Uncertainty
- Resolve Uncertainty (불확실성의 해소)
- Hazzard
- Minimize Hazard (위험성의 최소화)

03 » 전략적 리스크 관리 모델 FMA (Strategic risk management model)

복잡한(Complex) 경영 환경 속에서 직면하는 리스크들은 대부분 전략적 의미를 갖고 있다고 하였다. 그리고, 리스크 관리가 피해 감소(damage control), 불확실성에 대한 대응의 차원을 넘어서 경쟁 우위의 확보 또 사업 기회의 확보라는 전략적 대응 차원으로 진화되고 있음을 설명하였다.

전략적인 위기(Strategic risk)라고 분류될 수 있는 것에 예를 들어본다면 다음과 같은 것이 있다.

- 시장의 새로운 트렌드에 적절히 대비하지 못해 시장 주도권을 상실하는 것
- 사업의 전략적 목표와 일치하지 않는 마케팅 활동으로 목표 달성에 차질 발생
- 환경 변화가 있는데도 쓸모없게 될 기술, 시스템 및 방법론을 지속하는 것

전략적 위기 관리(Strategic Risk Management)를 정의해 본다면, 기업의 전략적 선택에 따라 기회와 리스크를 분석 예측한 후에 잠재적 리스크에 대한 제거 완화 또는 지속적 관리를 통해 기회요인을 극대화시키는 조직적 행동(Behaviors)이라고 정의할 수가 있겠다.

그러면, 지금부터는 전략적 리스크 관리 모델과 다양한 관리 기법들을 소개하려고 한다. 모델은 세 가지의 기본 요소로 이루어져 있다.

- Focus(집중): 리스크의 근본적 원인이 무엇인지 파악하고, 우선순위의 리스크를 명확히 하는 것
- Measurement(측정): 리스크를 측정할 지표를 정하고 리스크의 진행 경과와 결과를 평가하여 리스크 발생 가능성을 관리 통제하는 것
- Accountability(책임): 리스크 해결 방안에 명확한 책임자를 선정하고 해결 과정을 수반하게 하는 것

전략적 리스크 관리 모델 FMA

Measurement
리스크 처리
경과를 추적하고
결과를 평가한다

Focus
가장 중요한 우선순위
리스크에 집중한다

Accountability
리스크 관리 업무를
배정하고 책임을
강화한다

전략적 리스크 관리 모델의 세 가지 기본 요소 Focus, Measurement, Accountability의 첫 글자를 따서 간단히 FMA 모델로 기억하면 되겠다.

FMA는 리더십 관리를 위하여 필수적인 요소이며 위기 관리 역량을 평가할 수 있는 기준이기도 하다. 이 장에서는 F.M.A 각 개념들을 상세히 설명하면서 각 단계마다 다양한 관리기법을 소개할 것이다. 또한, FMA 모델을 적용하는 과정을 효과적으로 관리하기 위한 리스크 관리 워크시트를 설명할 것이다. 워크시트의 각 항목을 순차적으로 작성하게 되면 Focus, Measurement, Accountability 리스크 관리 3요소에 대한 이해를 하게 되고 현업에서도 이 기법을 활용할 수 있게 될 것이다.

또한, 리스크 관리 레이다 차트를 사용하는 방법도 설명을 할 것이다. 실제 레이다를 보듯이 각 리스크 경과 지표의 위험 상태와 책임자를 명확히 식별할 수 있도록 해 줄 것이다. 또한 리스크의 변동 사항을 정확히 체크하고 위험을 측정할 수 있는 시각적 요소를 포함하고 있어 다수의 리스크를 관리하기 용이하다.

Risk Management Worksheet

Focus	원인				
	사건				
	결과				
	충격강도	High	High	Low	Low
	발생빈도	High	Low	High	Low
Risk Statement					
Measurement	결과 지표			
	측정 지표			
	위험 상태	정상 O O O O 위험	정상 O O O O 위험	정상 O O O O 위험
Accountability	책임자			
	5 T 전략 선택			
	대응 조치 계획			
	조치 일자			
	주요 이해관계자			
	매뉴얼화 점검 (Y/N)	• 비상 상황 발생시 조치 방법 매뉴얼이 있는가?	☐ Yes ☐ No	
		• 리스크 발생시 전체 상황 및 경과지표의 통제 담당부서가 명확한가?	☐ Yes ☐ No	
		• 경과정보를 신속하게 보고하고 대처할 수 있는 보고체계가 구축되어 있는가?	☐ Yes ☐ No	

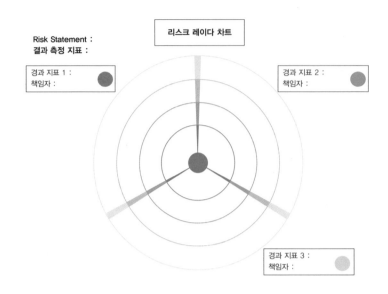

04　》 집중(Focus)

　집중(Focus)이란 우리의 에너지, 관심, 시간 등을 하나에 몰두하는 것이다. 한 꺼번에 많은 것을 해결하는 것은 한계가 있기 때문에, 가장 영향이 크고 우선순 위가 높은 리스크에 집중하여 효과적으로 해결해 나가는 것이 중요하다. 그런 데, 리더들에게 긴급하거나 중요한 리스크에 집중하지 못하는 이유를 질문을 해 보면 다음과 같은 세 가지 유형의 답을 얻게 된다.

- 리스크가 무엇인지가 불명확(Uncertainty)하다.
- 리스크의 영향을 예측하기 어렵다.
- 리스크의 우선순위를 정하기가 힘들다.

　리스크에 대한 정의가 정확하지 않거나, 리스크의 영향을 정확히 예측하지 못할 때, 그리고 집중해야 할 리스크의 우선순위를 제대로 정할 수 없기 때문에 집중하지 못한다는 것이다. FMA 리스크 관리 모델의 첫 단계인 집중(Focus)이 바로 이런 것을 다루고 있다.

집중 단계에서는 리스크가 발생하기 전에 근본원인을 파악하여 관리 우선순위를 정하고, 또한 Risk의 전략적 대응 방향을 잡는 것이다. 이런 것을 사전적 리스크 관리(Proactive Risk Management)라고도 하는데 이를 통해 기업은 잠재적 위험이 사업과 예산 또는 수익에 피해를 주기 전에 예측하고 통제 또는 제거할 수 있다.

집중 단계에서는 다음과 같은 3가지 과정을 밟게 된다.

- 리스크의 발견(Identify Risk): 리스크의 원인–사건–결과 찾기
- 리스크 평가(Assess Risk): 리스크의 우선순위 정하기
- 전략적 리스크 프로파일(Strategic Risk Profiling): 리스크의 전략적 대안 정하기

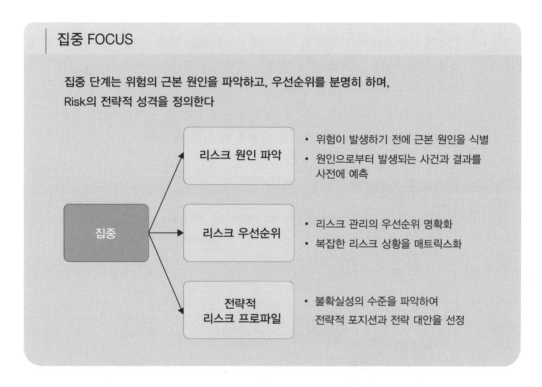

리스크 발견(Identify Risk): 사고 예상 질문 기법(What-if 기법)

리스크의 근본적 원인을 찾는 데 유용한 기법으로 사고 예상 질문인 "What if 기법"이 있다. 사고 예상 질문(What if) 기법이란, 업무나 공정에 잠재하고 있는 위험요소를 사전에 예상 질문을 통해 확인 및 예측하여 공정의 리스크 및 사고의 영향을 최소화하기 위한 대책을 제시하는 방법을 말한다.

여기서 예상 질문(What if)이란 우리가 세운 계획이나 설계된 기능들의 다양한 실패 상황을 구체적으로 가정해 보는 것이다. 실패한다면 어떤 사건들이 일어날 것인가? 그리고 그 사건들의 결과에 대한 예측을 세 가지 측면에서 파급효과까지 찾아보는 것이다.

- 사업적 영향(Practical Effect): 조직의 목표 달성에 영향을 주는 결과를 예측한다
- 인적 영향(Personal Effect): 조직 구성원의 인간적 측면의 영향 정도를 예측한다.
- 최악 영향(Emergence): 사고 예상 질문에 대해 최종적으로 나타날 수 있는 최악의 결과를 예측한다.

통상적 리스크 관리에서는 사업적인 부분에 대해서만 리스크의 영향을 평가하는 경우가 많지만, 좀 더 근본적이고 장기적인 리스크의 심각성을 찾으려고 한다면 인적인 영향과 최악의 시나리오를 고려해야만 한다. 또한, 이 과정을 통해서 원인-사건-결과의 인과 관계를 분명히 파악하는 게 중요하다. 그래야만 결과가 아닌 원인에 집중할 수가 있다.

이렇게 세 가지 결과 예측을 통해서 위험 수준을 정하게 되면 집중적으로 관리해야 할 리스크의 우선순위를 식별해 낼 수 있게 된다.

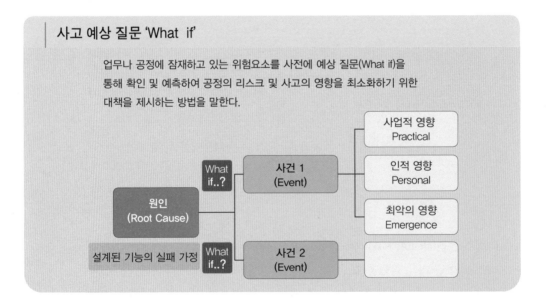

사고 예상 질문 'What if'

업무나 공정에 잠재하고 있는 위험요소를 사전에 예상 질문(What if)을 통해 확인 및 예측하여 공정의 리스크 및 사고의 영향을 최소화하기 위한 대책을 제시하는 방법을 말한다.

그러면, 간단한 사례를 통해 What if 기법을 적용해보자. 공장에서 설비를 증설해야 하는 상황이 발생하였다. 설비 증설 시에 어떤 리스크가 있을지에 대

한 검토를 한다고 가정하자.

이 상황에 What if 기법을 적용해 본다면, 실패 상황은 설비 증설이 유틸리티의 과부하를 초래하는 것이다. 그리고, 과부하로 인해 화재가 발생하는 사건이 일어날 수가 있다. 그 결과를 예측해 본다면, 사업적으로는 생산 목표를 미달하고 손실이 발생할 것이며, 구성원들은 고용 불안과 사기 저하에 시달릴 수 있겠다. 만일 화재 복구가 장기적으로 지연되는 최악의 상황에서는 공장 폐쇄(shut down)라는 결과를 초래할 수가 있다. 이런 가정하에서 유틸리티의 리스크를 5점 척도의 심각성으로 평가해 본다면 매우 높은 순위의 리스크로 분류될 수 있을 것이다.

이렇게 What if 기법을 활용하면 원인-사건-결과를 다양한 실패 시나리오에서 분석하게 되고, 이를 통해서 리스크의 근본적 원인과 심각성 수준을 파악할 수 있게 된다.

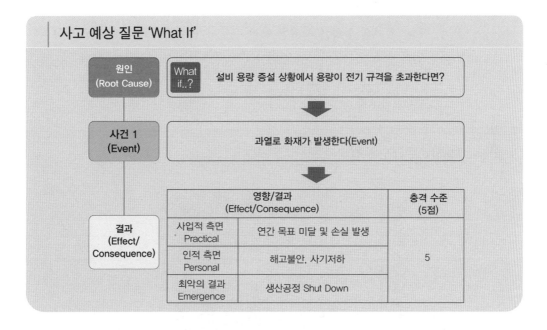

What if 기법을 좀 더 숙지히려면 아래 시례를 통해 실습을 해보자.

다음과 같은 3가지 상황에서 What if 기법을 이용하여, 각 상황들이 어떤 리스크를 갖고 있는지 분석해 본다. 각 상황에서 What if 기법을 적용할 때 실패 상황을 생각해 본다.

사례1) 생산 Leader는 생산성을 높이기 위하여 현장 근무자의 작업 범위

(work scope)를 변경하려 함. 작업 범위는 직무 매뉴얼(job description)이나 구성원 지침(employee handbook)에 작업 무게 제한, 작업의 순서 등이 구체적으로 기술되어 있다.

사례 2) 생산 리더는 평소 근태 불량인 현장 근무자 A를 해고하려고 함.

해고의 사유가 차별적이거나 업무 성과가 명확한 평가 기록에 남아 있지 않으면 부당 노동 행위가 될 수 있다.

사례 3) 팀장들에게 자유롭게 추천하도록 하여 구성원에게 보너스를 차등 지급할 예정임.

구성원 대상 보너스는 명확한 평가와 분배 원칙이 필요하다.

참고로 위의 세 가지 사례를 분석 시에 예시를 든다면, 사례1의 경우 What if 실패 상황은 규정에 벗어난 작업 범위를 변경하면서 근무자의 동의를 얻지 않은 경우이다. 발생 가능한 사건은 현장에서 안전사고가 발생하는 것이다. 공장 가동이 중단되는 사업적 영향이 발생할 수도 있고 근무자들이 안전 불안감에 빠질 수 있다. 최악의 상황은 사고를 당한 근무자가 회사를 상대로 부당 노동행위 소송을 걸을 수가 있다. 이런 상황의 심각성을 5점 척도로 평가해 본다.

리스크 우선순위 선정: Risk Matrix

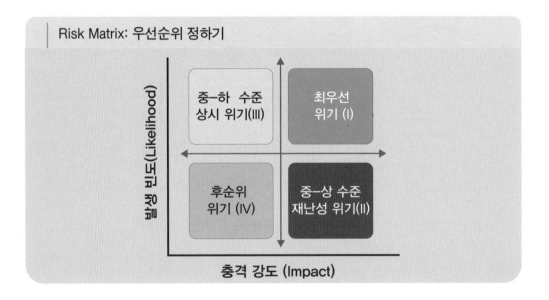

앞서 설명한 What if 기법을 통해 현지 사업장에서 발생 가능한 리스크를 예

측해 본다면 수없이 많은 Risk를 발견할 수 있을 것이다. 이렇게 발생 가능한 리스크에 대한 파악이 완료되면 다음으로는 제한된 자원으로 리스크에 효과적으로 대처하기 위해서 리스크에 대한 우선순위를 정확히 평가하여 가장 중요한 리스크에 집중할 필요가 있다.

리스크의 우선순위를 파악하는 직관적이고 간편한 기법은 발생 빈도와 충격 강도를 기준으로 2x2 매트릭스를 만들고 4개 영역에 각 리스크들을 배치하는 것이다.

발생 가능 빈도가 높고 충격 강도가 매우 높은 영역에 속한 리스크(I)들이 최우선순위로 집중해야 할 리스크가 될 것이다. 최우선순위 리스크(I)의 관리 포인트는 자원(시간, 인력, 자금)을 어떻게 투입할 것인지 결정이 중요할 것이다.

그리고 발생 빈도는 낮아도 충격 강도가 큰 리스크(II)는 차순위 리스크로 지속적인 관리가 필요하다. 예를 들면 해당 리스크 해결을 위하여 어떤 단기 목표(milestone)와 일정을 갖고 정기적으로 관리할 것인지가 중요하다.

발생빈도는 높아도 충격이 작은 리스크(III)에 대해서는 의사결정을 서두르지 말고 원인 분석을 통해서 리스크의 빈도를 낮추거나 리스크의 발생원인을 제거하는 방향으로 접근하는 것이 효과적일 것이다.

발생 빈도와 충격이 모두 낮은 리스크들(IV)에 대해서는 직접적인 관리보다는 외부 전문가와 같은 제3자에게 위임하는 것도 대안이 될 수 있을 것이다. 예를 든다면 외부 보안 업체를 통해 시설 관리를 하는 것도 좋은 관리 방안이 될 것이다.

이렇게 원인과 사건 그리고 결과 예측을 한 다음에는, 충격 강도와 발생 빈도를 XY축으로 하는 리스크 매트릭스에 배치(mapping)를 하는 기법은 간단한 모델이지만 리스크의 우선순위를 정하는 데에는 매우 효과적인 리스크 관리 기법이다.

리스크 스테이트먼트 Risk Statement

이렇게 What-if 방법과 리스크 매트릭스로 파악이 된 리스크를 한 문장으로 표현한 것이 리스크 스테이트먼트다.

- **Identify Risk**
  리스크의 원인-사건-결과 예측
- **Assess Risk**
  리스크의 대응 우선순위 결정

Risk Statement

원인(Root Cause) 'What If'	사건 (Event)	결과 (Effect/Consequence)		Impact (5점 척도)
생산 팀장이 현장 근무자의 *work scope*을 변경함 **What If :** 규정에서 벗어난 변경을 한다면?	현장 근무자의 안전사고 증가	사업적	연간 목표 미달 및 손실 발생	3
		인적 영향	근무인원의 불안감 가중	
		최악 결과	생산공정 중단	

Risk Statement	규정에서 벗어난 Work scope 변경 시 현장근무자의 안전사고 증가로 생산공정 중단 위험 발생 가능

리스크를 파악하고 평가가 완료되면 집중해야 할 리스크에 대한 한 줄 정의를 작성해 본다. 'What If' 기법에 의해 리스크를 정확히 파악하고, 대응 우선순위를 결정하여 리스크 스테이트먼트에 이렇게 한 줄 정의를 내리게 되면 리스크의 모호성에서 벗어나 명확한 리스크의 실체에 근접할 수 있게 된다. 그러면, 다음 단계인 리스크 대응전략 방향성을 세우는 데 다양한 접근 방법을 검토할 수 있는 준비가 된 것이다.

리스크의 전략적 프로파일(Strategic Risk Profiling)

우선순위 리스크로 파악된 것에 대해서는 전략적 프로파일(Strategic Risk Profiling)을 작성한다. 리스크 프로파일링이란, 불확실한 상황의 전개 방향을 예견하고, 이에 따라 전략적 포지션과 전략 대안의 방향성을 정하는 것이다. 세 단계 과정에 따른다.

- 불확실성 예측(Foresight on Uncertainty)
- 전략적 포지션(Strategic Posture)
- 대응 전략 선정(Choice of Strategy)

이렇게 세 단계의 영문 첫 글자를 따서 UPS model이라고 부르기로 한다.
여기에서 설명하는 모델은 Harvard Business Review에 Hugh Courtney와 Jane Kirkland가 발표한 Strategy Under Uncertainty라는 논문에서 인용된 것이다.

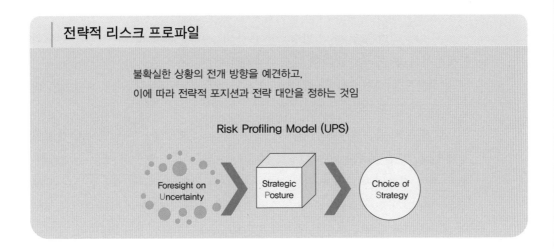

불확실성 예측(Foresight on Uncertainty)

리스크 대응 전략을 세우기 위해서는 리스크의 불확실성(Uncertainty) 수준을 먼저 파악하고 이에 따라 전략의 접근 방법이 달라야 한다.

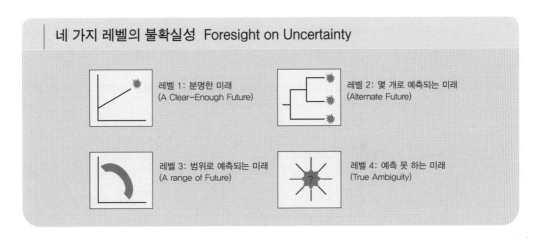

불확실성(Uncertainty)은 그 정도가 어느 수준인가에 따라서 네 가지로 분류를 할 수가 있다.

첫 번째 레벨은 분명한 미래(Clear enough future)이다. 현재의 불확실성에 대해 한 가지 예측 방향만으로도 전략을 수립할 수 있는 경우이다. 여름이 오게 되면 장마 또는 태풍에 대비해야 한다는 것처럼 경험적으로도 예측이 가능한 경우이다. 또 다른 예를 든다면 저비용 항공사가 허브 공항 중 하나에 진입하려 할 때 대형 항공사가 다뤄야 하는 불확실성을 들 수가 있다.

두 번째 레벨은 몇 개의 방향으로 예측되는 미래(Alternate future)이다. 현재의 불확실성이 몇 가지의 결과로 예상되는 경우이다. 예를 든다면, 유가 하락 시기에 화학공장을 증설하려 할 때 유가의 추가적인 등락 변동에 따라 직면하게 되는 불확실성을 들 수가 있겠다.

세 번째 레벨은 범위로 예측되는 미래(A range of future)이다. 현재의 불확실성에 대한 미래 결과가 넓은 범위로 예상되는 경우이다. 태풍의 예상 진로를 예측할 때에 진로의 변화를 범위로 보여주는 것과 같다. 사업적인 예를 든다면 새로운 기술 벤처 회사를 인수하거나, 개발도상국의 신규 성장 진입 시에 다양한 변수의 변화에 따라 발생할 수 있는 결과가 범위로(range) 예측되는 불확실성이다."

네 번째 레벨은 전혀 예측 안 되는 미래(True Ambiguity)이다. 미래를 예측할 수 있는 아무런 경험이나 데이터가 없는 경우에 불확실성이다. 예를 든다면 통신 사업자가 화장품 사업을 시작하는 것처럼 본업과 전혀 다른 영역에 진출할 때 직면하게 되는 불확실성이다.

이렇게 4가지로 리스크의 불확실성 수준을 파악하게 되면, 이러한 리스크에 대해서는 어떤 전략적 포지션을 가져갈 것인가에 대한 판단을 할 수 있는 근거를 갖게 된다.

세 가지 전략적 포지션(Strategic Posture)

전략적 포지션 Strategic Postures

Shape the future
미래를 만들어 가는 전략
업계 리더의 역할을 수행

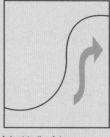
Adapt to the future
미래 변화에 따라가는 전략
민첩/유연하게 미래 기회 포착

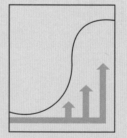
Reserve the right to play
기회를 살려두는 전략
기회를 놓치지 않을 정도만 투자

전략적 포지션의 유형으로는 대표적으로 3가지를 생각해볼 수 있다.

첫째는 미래를 만들어가는 전략(shape the future)이다. 예를 들면 새로운 산업을 일으키기 위해 리더십을 발휘하는 것인데, 산업의 기술 표준을 만든다든지, 수요를 창출하는 것이다. 예를 든다면 수소 산업이 자리 잡기 위해서는 관련 설비의 기술 표준을 만들고 초기 수요에 대응하는 리더가 필요한데 이런 미래 기회를 만들어 가는 전략이다.

둘째는 미래 변화에 따라가는 전략(adapt the future)이다. 예를 들면 미래의 변화를 빨리 파악하여서 속도와 융통성(speed & flexibility)을 갖고 여기에 대응 하는 전략이다. 한국 반도체 산업의 놀라운 성장 원인을 선두 그룹의 기술 변화를 속도감 있게 복제 및 재창조(copy & recreate)한 것으로 얘기를 하는데 미래 변화에 따라가는 전략의 성공 사례일 것이다.

셋째는 기회를 살려두는 전략(Reserve the right to play)이다. 이것은 불확실성이 있는 사업에 너무 이른 집중투자(investment commitment)는 피하면서 미래 기회는 잡을 수 있을 정도의 투자를 하는 것과 같은 전략이다. 예를 든다면 셰일 가스(shale gas) 산업의 성장 초기에 본격적인 셰일 가스전에 투자를 하기보다는, 셰일 가스의 핵심 기술이라 할 수 있는 심저 굴착 기술, 소규모 정유시설 등의 기술을 활용할 수 있는 지분을 확보하는 것과 같다.

이와 같이 우리가 직면하고 있는 리스크의 불확실성을 예측에서 우리는 어떤 전략적 포지션을 선택할 것인가를 기업의 리더는 반드시 생각하고 있어야 한다.

대응 전략의 선택(Choice of Strategy)

대응 전략의 선택 Choice of Strategy

Scenario	Value
1.	+
2.	+
3.	+
4.	+

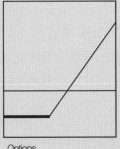

No-regrets Moves	Options	Big bets
후회하지 않을 수준 대응 전략	기회가 될 옵션의 확보 전략	집중 대응 전략
모든 시나리오에 적용되는 최소한의 선택	업사이드 가능성 있지만 다운사이드 작은 옵션 선택	하나의 시나리오에 집중하는 전략

이와 같이 전략적 포지션을 정하게 되면 실제 실행하는 전략 대안이 무엇인지를 찾는 세 번째 단계를 수행한다. 대표적인 실행 전략 대안 3가지는 다음과 같다.

첫째는 후회하지 않는 수준의 대응(No regret move)이다. 미래에 어떤 시나리오가 전개되든지 긍정적인 결과(payoff)가 될 수 있는 수준의 대응을 하는 것이다. 실제로 불확실성 수준이 앞서 말한 레벨 4와 같이 전혀 예측이 되지 않는 경우에 많이 실행하는 전략이다. 이런 전략은 지켜보기 전략(Wait & See)보다는 리스크를 수용하는 전략이지만, 최소한의 투자만 하게 되기 때문에 위기 속에 있는 기회를 충분히 활용하는 데에는 한계가 있을 수밖에 없다. 예를 든다면 아파트 가격이 어느 쪽으로 갈지 불확실성이 큰 시점에 아파트를 사기보다는 아파트 청약 예금에 가입하는 것은 후회하지 않는 수준의 대응(No regret move)이라고 할 수 있겠다.

둘째는 기회로 만들 수 있는 옵션의 확보 전략이다. 어떤 시나리오하에서는 상당한 보상(payoff)이 되면서, 다른 시나리오로 바뀐 상황하에서도 적은 손해만 볼 수 있는 옵션에 투자하는 것이다. 앞서 불확실성의 레벨 2, 3, 즉 몇 개 대안과 범위로 예측되는 미래에 해당될 경우에 이런 전략을 자주 쓰게 된다. 다시 아파트 예를 든다면 아파트 가격이 어느 쪽으로 갈지 모르는 불확실성 속에서 재개발이 예상되는 지역의 입주권을 사는 것과 같은 전략이다. 그래서 재개발이 순조롭게 되면 입주권을 행사하고, 지지부진하면 입주권을 다시 매각하는 방식으로 대응하는 것이다. 이와 같은 옵션 확보 전략은 제한된 자원으로 리스크 또는 기회에 대응할 때 효과적인 전략이라 할 수 있다.

셋째는 집중 대응(Big Bets)이다. 한두 가지 시나리오에 집중해서 대응을 하는 경우이다. 앞서 설명한 전략적 포지션 중에서 미래를 만들어가는 전략을 택하였을 때에 이런 전략을 고려할 수 있겠다. 예를 든다면 전기차 시장이 급성장을 하면서 자동차 배터리의 수요가 같이 커지고 있지만 다양한 경쟁 기술이 개발되고 있는 불확실성이 있다. 이런 상황에서 특정 배터리 기술을 사용하는 생산시설에 집중 투자하는 것이 Big Bet 전략이다. 이런 전략을 쓰는 것은 경쟁 회사에 대한 확실한 견제를 통해 산업 주도권을 확보하겠다는 목표가 있기 때문일 것이다. 물론 이런 전략은 실패하면 크게 손실이 나기도 하지만 성공하면 대박 보상(payoff)도 기대할 수가 있겠다.

Focus 단계의 사례 적용

지금까지 리스크 관리 FMA model의 첫 번째 Focus 단계를 다음과 같은 3가지 과정을 통해 알아보았다.

- 리스크의 발견(Identify Risk): 리스크의 원인-사건-결과 찾기
- 리스크 평가(Assess Risk): 리스크의 우선순위 정하기
- 전략적 리스크 프로파일(Strategic Risk Profiling): 리스크의 전략적 대안 정하기

L사의 스마트폰 사업을 가지고 집중 단계의 세 가지 필수 요소 검토 과정을 예시해 보려고 한다. 먼저 L사가 직면한 상황을 간단히 정리해보자.

L사는 애플이 아이폰을 출시한 2007년 6월에도 계속 피처폰 사업에 머물렀다. 당시 L사의 휴대폰 시장 점유율 순위는 세계 3위였다. 당시 피처폰 사업부가 스마트폰 사업 강화를 원치 않았고, 최고 경영진마저 "기다리며 지켜보기(wait and see)" 하라는 해외 컨설팅 업체의 조언을 적극 받아들였다는 얘기가 있다. 이러한 L사의 2007년 상황을 전략적 리스크 관리 관점에서 살펴보려고 한다.

먼저 What-if 기법으로 리스크 스테이트먼트를 작성해 보자. 만일 스마트폰이 메가트렌드가 된다면 어떤 일이 일어날 것인가? 당연히 L 전자의 주력인 피처폰의 수요가 감소되고, 사업적으로는 목표 미달과 손실도 발생하고 구성원들의 불안감은 가중될 것이다. 파급효과가 커지면 휴대폰 시장 철수도 각오해야 되는 상황이다. 이런 상황을 리스크 스테이트먼트로 작성해 본다면 "스마트폰이 대중화된다면 피처폰 수요 감소로 시장 주도권을 상실할 수 있음" 당연히 이것은 최우선순위의 risk가 될 것이다.

L사의 잠재적 리스크는 무엇인가?

원인(Root Cause) 'What if'	사건(Event)	결과 (Effect/Consequence)		Impact (5점 척도)
만일 스마트폰이 메가트렌드가 된다면?	피처폰의 수요 감소	Practical	목표 미달, 손실 발생	5
		Personal	구성원의 불안감 증가	
		Emergence	휴대폰 시장 철수 가능	

Risk Statement	스마트폰이 대중화된다면 피처폰 수요 감소로 시장 주도권을 상실할 수 있음

다음에는 전략적 리스크 프로파일을 만들어 보자.

당시 L사가 택했던 전략을 UPS 모델로 정리한다면 이렇게 될 것이다. 애플 아이폰이 리드하는 스마트폰 시장의 불확실성 수준은 True Ambiguity, 즉 전혀 예측할 수 없다. 그래서, 전략적 포지션은 기다리고 두고 본다인 "Wait & See"로 하였다. 그리고 전략 대안은 기존처럼 피처폰 사업에 집중하는 것이다.

이렇게 UPS로 정리해본 L사의 전략적 리스크 프로파일로 인해 어떤 결과가 나왔는지 우리는 알고 있다. L사는 23분기 연속 영업 적자를 내었고, 1995년 7월 휴대폰 사업을 시작한 지 26년 만인 2021년 휴대폰 사업 철수를 선언하게 되었다.

만일 여러분이 L사의 경영진이라면 이러한 비극적 상황을 피하기 위해 2007년 시점에서 스마트폰 사업의 리스크 프로파일을 어떻게 작성하였을까?

불확실성 수준은 분명한 미래이거나 몇 가지 시나리오로 예측되는 미래로 봤어야 했을 것이다.

전략적 포지션은 적어도 기회를 살려두는 방향으로 하고, 전략 대안으로는 스마트폰 주요 기술을 확보하는 옵션 확보 전략을 취했어야 할 것이다.

이러한 두 가지 리스크 프로파일의 차이를 비교해 보면 아래 표와 같다.

L사의 전략적 프로파일 비교

	Uncertainty	Posture	Select Strategy
2007년 채택한 리스크 프로파일	예측 불가 미래 True Ambiguity	지켜 보기 Wait & See	피처 폰에 집중
바람직한 리스크 프로파일	분명한 미래 또는 몇 가지 예측 미래	기회를 살리는 전략	기회가 될 옵션을 확보하는 전략

우리는 L사의 스마트폰 사업 실패 사례를 통해서 Risk 관리의 첫 번째 집중(Focus) 과정이 얼마나 중요한지를 배울 수 있게 되었다.

05 》 측정(Measurement)

H. Thomas Johnson*은 "당신이 측정하는 것만이 당신이 얻을 수 있는 전부이다. 측정하지 않거나 측정할 수 없는 것은 모두 손실이 될 것이다."라고 하였다(*주 Thomas Johnson은 오리건주 포틀랜드 주립 대학의 경영학 교수이자 워싱턴의 베인브리지 대학원의 경영학 석좌 교수로 하버드 비즈니스 리뷰에서 20세기의 가장 영향력 있는 경영 서적 중 하나로 간주되는 "Relevance Lost: Rise and Fall of Management Accounting"를 공동 저술했다).

특히 위험 상황에서의 리스크를 측정할 수 없다면 큰 손실로 연결될 수가 있다. 리스크에 효과적으로 대응하고 해결하기 위해서는 측정(Measurement)이 가장 중요한 요소 중 하나일 것이다.

가장 위험한 상황이 존재하고 정밀한 측정이 필요한 곳은 아마도 비행 관제 센터일 것이다. 수많은 항공기의 이착륙을 통제하고 시시각각 위험에 노출되어 있는 대형 공항의 관제 센터는 어떻게 리스크 관리를 하고 있는지 YouTube

에 소개된 관제사 이야기 영상*을 시청하기 바란다. 이곳에서 리스크 상황을 효과적으로 통제하고 관리하기 위해 어떻게 측정(Measure) 기법이 활용되고 있는지 관찰하기 바란다(*주 YouTube link: https://youtu.be/O1yC3GdoMuQ).

결과 지표(Outcome measure)와 경과 지표(Progress measure)

리스크를 효과적으로 관리하고 대응하며 해결하기 위해서는 두 가지의 측정 지표를 다루어야 한다. 결과 지표(Outcome measure)와 경과 지표(Progress measure)이다.

리스크 상황 때문에 발생하게 된 결과에 대하여 그 상태의 수준을 정량적 지표로 정하였을 때 우리는 그것을 결과 지표(Outcome Measure)라고 한다. 리스크를 해결 또는 제거하였을 때의 결과 지표 수준을 예측하여 현재와의 Gap을 비교해 볼 수 있을 것이다.

그리고, 목표로 세운 리스크 해결을 위해 그 과정을 측정하고 관리해야 하는 것이 경과 지표이다. 바로 결과와 연계되어 있거나 결과를 뒷받침하는 중요한 정략적 요소들의 진척 사항을 측정한 것이 경과 지표(Progress Measure)이다. 경과 지표는 반드시 결과 지표와 연계되어 있어야 한다. 인사 평가, 실적 평가 등을 할 때에는 결과 지표를 가지고 하겠지만, 해결에 초점을 둔다면 경과 지표를 더 우선하여 관리를 해야 할 것이다.

결과 지표와 경과 지표의 이해들 돕기 위해 아래 표에 사례를 들어 설명하였다. 예를 들어 안전 관리 기준(SHE)을 얼마나 잘 준수하고 있는지는 결과 지표에 해당이 되고, 작업장의 안전 사고 건수는 경과 지표에 해당이 된다. 안전 사고는 결국 SHE 기준 위반이라는 결과를 가져오므로 결과의 원인 행위가 되는 관계를 갖고 있는 것이다.

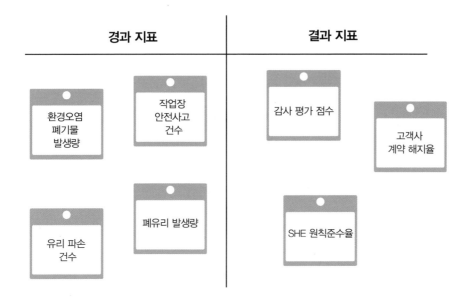

리스크 관리 지표를 선정할 때 좋은 측정 지표의 기준을 들어보면 다음과 같다.

- 객관적이어서 과제 참여자 간에 이해하고 합의할 수 있어야 한다.
- 행동에 옮길 수 있는 정보이어야 한다.
- 시간의 흐름에 따라 지속적으로 추적 가능할 수 있어야 한다.
- 쉽게 적용할 수 있어야 한다.
- 숫자나 비율 등으로 정량화가 가능할 수 있어야 한다.
- 상호 연관성이 높아야 한다.
- 추세와 진행 현황, 장애물을 판단하는 데 유용한 정보를 제공한다.

레이다 차트(Radar Chart)

결과 지표와 경과 지표를 선정하였다면 이를 좀 더 직관적으로 파악할 수 있도록 해주는 도구로 레이다 차트를 사용할 수 있다. 작성하는 방법을 간단히 설명한다면, 아래 첨부된 레이다 차트에 선정된 결과 지표 하나를 적고 여기에서 도출된 여러 개의 과정 지표들의 현재 수준을 기록한다. 최고 5점 기준으로 수준을 기록한다면 레이다의 중심축을 가장 높은 5점으로 하고 외부 원으로 향할수록 낮은 점수 수준으로 기록하게 될 것이다. 그러면 중심 축에 있는 경과 지표를 우선적으로 수행하는 것이 바람직할 것이다. 이렇게 기록된 레이다 차트는

과제가 진행되면서 그 변화 추이를 업데이트한다. 이런 그래픽의 변화를 통해서
직관적으로 어떤 지표들에 더 관심을 가져야 하는지도 파악할 수 있을 것이다.

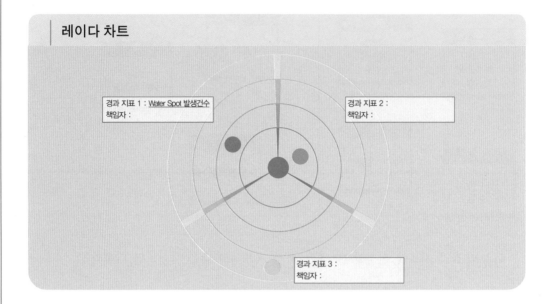

설명의 편의상 하나의 리스크와 하나의 결과 지표로 레이다 차트를 작성해
보았지만, 실제 상황에서는 다양한 리스크와 여러 개의 결과 지표, 경과 지표를
관리해야 할 때가 있을 수 있다.

레이더 차트는 이러한 다수의 리스크, 결과 지표와 경과 지표를 관리할 때
더 효과적으로 리스크를 관리할 수 있는 도구이기도 하다. 아래 예시로 보여주
는 레이다 차트는 복잡해 보이지만 3가지 리스크의 대표적 결과 지표 한 개마다
3개의 측정 지표의 현재 수준을 기록한 것이다.

이와 같은 복합적 레이다 차트는 어떤 사안이 복합적인 리스크를 갖고 있을
경우 가장 위험에 노출된 경과 지표를 직관적으로 파악하여 적시에 관리할 수
있게 하는 장점이 있다.

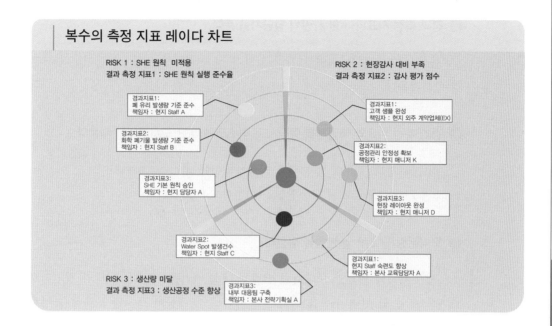

06 >> 책임(Accountability)

지금까지 리스크 상황이 예측되었을 때 사전에 리스크를 관리하고 제거해나가기 위해서는, 근본 원인과 예측되는 사건 그리고 결과를 추정하고 그렇게 해서 평가된 우선순위 리스크에 집중해야 한다는 것을 설명하였다. 그리고, 리스크를 효과적으로 관리하기 위해서는 처리 경과를 추적하고 결과를 평가하기 위해 정확한 측정 지표를 활용하는 기법에 대해 설명을 하였다.

이번 단계에서는 실제 리스크의 경과 지표를 관리하고 위험을 해결하거나 제거하는 대응을 담당할 명확한 책임자 선정은 어떤 기준으로 하고, 리스크 대응하는 대안을 선정하는 방법에 대해 알아보겠다. 이것이 리스크 매니지먼트의 세 가지 요소 중 세 번째인 책임(Accountability)이다.

리스크 관리의 책임을 확실하게 하기 위한 베스트 일처리 방법을 소개하면 다음과 같다.

◉ **경과 측정 지표마다 한 사람씩 담당자를 둔다.**

공동 책임 부여는 지양한다. 책임자가 둘 이상이면 일을 서로 미루거나 혼란이 초래된다.

◉ **경과 측정 지표와 책임자를 중심으로 리스크에 대한 조치계획을 세운다.**

리스크 경과 지표의 영향력과 발생가능성에 따라 5T(Tolerate, Treat, Transfer, Terminate, Take opportunity) 대응방안을 실행하도록 조치한다.

◉ **모니터링/팔로우 업 방법을 정한다.**

직원 각자와 리스크 모니터링 방법에 대해 얘기를 나눈다. 리더가 정기적으로 팔로우업 할 기대 사항을 명확하게 밝히고, 장애물이 생기면 도움을 요청하도록 독려한다.

◉ **달성/미 달성 시의 결과를 포함하여, 책임에 대해 소통한다.**

리더의 기대 사항을 직원 각자와 얘기한다. 이때, 리스크 관리 지표를 달성하거나 그에 미치지 못하면 각각 어떤 결과가 따라오는지도 함께 알려준다.

경과 지표 책임자 선정

만일 경과 측정 지표에 대해 공동의 책임자를 두게 되면 아래와 같은 문제가 예상될 수 있다.

- 최종 결과에 대한 책임을 아무도 지려 하지 않을 것이다.
- 다른 사람들이 리스크를 알아서 관리할 것으로 여기고 모두 집중하지 않을 수 있다.
- 각자 맡은 부분에 대하여 오해나 소통 오류가 생길 수 있다.

반면에 경과 측정 지표마다 한 사람씩 담당자를 두는 것은 다음과 장점이 있다.

- "○○○이 그 일을 하고 있는 줄 알았습니다."와 같은 변명을 할 여지가 없어진다.
- 자신이 책임을 맡은 측정 지표에 대한 주인의식이 생긴다.
- 위험을 처음부터 관찰한 책임자가 보다 정확하게 대응하거나 소통할 수 있다.

그러면, 책임자를 세울 때 그 사람이 적임자인지 어떻게 판단할 수 있을까?

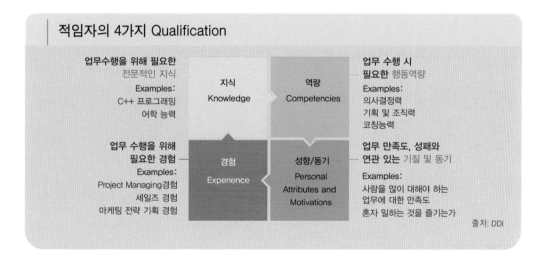

적임자를 선정할 때 고려해야 할 판단 기준은 네 가지가 있다. 첫째는 전문적인 지식, 둘째는 과제 수행을 위해 필요한 유사 경험, 셋째는 업무 수행 시 필요한 행동 역량, 네 번째는 개인의 기질과 동기라고 할 수 있다. 일반적으로 지식과 경험 부분은 고려를 많이 하지만 개인의 특성을 보여주는 행동 역량과 기질 및 동기는 무시하는 경향이 있다. 그러나, MZ 세대의 특징이라 얘기하였던 것들이 이제 모든 회사원들에게도 일반화되었다고 생각이 된다. 그러므로, 적임자 후보자를 검토하는 단계에서는 지식 경험 못지않게 개인적으로 이 과제를 어떻게 받아들일지와 어떤 태도와 방식으로 일을 수행할지에 대한 고려가 있어야 할 것이다.

이러한 과정을 통해서 책임을 맡을 적임자를 선정하였다고 하면, 리스크에 책임을 지는 것은 돈으로 환산할 수 없는 중요한 일이므로 리스크의 결과와 책임의 중요성에 대해 책임자와 커뮤니케이션을 해야만 한다. 다음과 같은 질문을 통해서 리더와 책임자가 과제에 대한 공감대를 형성할 수 있을 것이다.

- 이 측정 지표에 대한 책임자로서 어떤 점이 우려되는가?
- 이 리스크 상황이 중요한 이유는 무엇인가?
- 이 리스크를 성공적으로 해결하면 개인과 조직에 어떤 결과가 따라오는가?
- 이 리스크를 해결하지 못하면 개인과 조직에 어떤 결과가 따라오는가?

5T 대응 기법

경과 지표의 책임자가 리스크에 대응하기 위하여 취할 수 있는 대안은 다음과 같이 5가지 방향으로 접근하면 다양한 대안들을 생각해낼 수 있다. 이를 쉽게 기억하기 위해 알파벳 첫 자를 따서 "5T 접근법"이라고 한다.

5T 대응 기법

- **Tolerate**: 현상 유지하되 Risk Manual 보완
- **Treat**: 리스크를 발생시키는 행위 조정
- **Transfer**: 리스크를 제3자와 공유/전가
- **Terminate**: 리스크 발생 행위 중지
- **Take Opportunity**: 위기를 기회로 바꿈

위험의 수용(Tolerate)

리스크의 수용은 조직이 비즈니스 성과 또는 목표를 달성하기 위해 기꺼이 수용하는 위험 수준이다. 리스크의 수용은 리스크 상황이 발생했을 때 그 결과를 받아들이기 위해 의도적인 결정을 내리는 것인데, 수동 및 능동의 두 가지 형태 중 하나를 취할 수 있다.

1) 수동적 수용(passive acceptance)은 위험을 해결하거나 대처하거나 관리하기 위한 조치를 취하지 않을 때 발생한다.

2) 능동적 수용(active acceptance)은 리스크 상황이 발생할 경우 해당 리스크의 영향을 관리하기 위한 조치를 취한다. 이러한 상황에서 위험 상황이 발생한 경우에만 비상 사태 또는 대체 계획을 따른다. 리스크의 수용(risk tolerance)은 일반적으로 다른 모든 전략이 실행 가능하지 않을 때 이루어지는 가장 낮은 형태의 통제

이다. 따라서 우리는 위험과 그에 따른 손실 결과를 안고 가거나 우리가 할 수 있는 유일한 보호 수단으로 장벽(barrier) 또는 최종 방어선(final line)을 사용한다. 이것의 좋은 사례는 소음(noise) 분야이다. 일부 산업에서는 오래된 장비가 너무 비싸서 즉시 교체할 수 없으므로 소음 위험(noise risk) 및 잠재적 청력 손상을 수용한다(규제 당국과 조직의 관리 팀 모두). 이러한 상황에서 리스크에 대한 최선의 유일한 방어 수단은 귀마개와 같은 개인 보호 장비(PPE)를 사용하는 것이다(장기간 노출 시 완전히 작동하지 않을 수 있음).

따라서 리스크의 수용(Risk Tolerance)은 결국 조직의 선택 문제이지만 그러한 선택은 항상 주어진 시간과 직면한 상황에 따라 현명하게 이루어져야 한다. 예를 들면 지금은 위험을 감수할 수 있지만 지금부터 12개월 이내 조치 완료하겠다는 계획을 세우는 것이다.

리스크 완화(Treat)

리스크 완화는 본질적으로 특정 위험이 미칠 수 있는 영향을 줄이는 것이다. 이 전략은 일반적으로 위험을 쉽게 회피하거나 이전할 수 없을 때, 예상되는 손실이나 피해를 허용 가능한 수준으로 유지하는 것이다.

물론 "허용 가능한(acceptable)"은 주관적인 용어이며 조직이 수행하는 업무나 프로젝트에서 얼마나 많은 위험을 감수할 수 있는지와 관련이 있다. 그러나 대부분, 목적은 리스크의 발생 가능성을 낮추거나 높이는 것 또는 그 리스크의 영향을 줄이거나 늘리는 것이다.

대부분의 경우 리스크의 완화(Risk Treat)에는 리스크의 영향을 줄이는 것이 포함된다. 이것은 우리의 완화 전략이 위험이 발생할 확률을 줄이거나 위험이 발생할 때 경험하는 전반적인 심각도(손상 또는 손실)를 줄여야 함을 의미한다.

예를 들어, 잠재적으로 고혈압에 대한 리스크를 완화하는 방법으로 우리는 식단을 바꾸고 운동을 더 많이 할 수 있다. 이 방법은 심장마비가 발생할 가능성과 심장마비가 발생할 경우 그 심각성을 낮춰줄 수 있다.

리스크 이전(Transfer)

리스크 이전(Transfer)은 일반적으로 계약이나 헤지를 통해 다른 당사자가 위험을 수락하도록 하는 것을 의미한다. 어떤 면에서 리스크 이전은 단순히 다른 사람에게 위험을 전가하는 것처럼 들릴 수 있다. 그러나 다른 사람들 또는 다른 기업이 특정 위험을 우리보다 더 잘 관리할 수 있다면 이 방법을 추구하는 것이 합법적인 선택일 수 있다.

보험은 계약 방식을 활용하는 리스크 이전 유형 중 하나이다. 또 다른 사례로 아파트 단지 관리자가 주민들의 안전을 보장하기 위해 보안 회사를 고용하는 것이다. 근무 중인 경비원이 자신의 직책을 소홀히 하여 외부 침입에 의해 거주자 중 한 명이 부상이나 도난당한 소지품에 대해 아파트 단지를 고소할 수 있다. 계약상의 위험 이전을 통해 위험을 가장 잘 통제할 수 있는 당사자인 보안 회사로 위험을 이전할 수 있다.

리스크 제거(Terminate)

가장 좋은 위험 관리 전략은 리스크 회피 또는 제거(terminate)이며 가능한 한 이 방법을 활용하는 데 가장 많은 노력을 기울여야 한다. 리스크 회피는 일반적으로 미래에 리스크가 포함된 과업이나 프로젝트를 전혀 수행하지 않도록 하는 것을 의미하지만, 더 이상 위험한 단계를 수행하지 않아도 되도록 작업이나 프로세스를 재설계하는 것을 의미하기도 한다.

실제로 회피는 많은 사람들이 생각하는 것보다 훨씬 더 활용 가능하다. 왜냐하면 많은 위험이 특정 결정에 의해 "도입"되고 다른 결정에 의해 "도입되지 않거나" 제거될 수 있기 때문이다. 리스크의 회피 또는 제거 전략에는 위험이 수반되는 활동을 수행하지 않는 옵션이 포함된다. 예를 들어 부동산이나 사업체에 따르는 위험을 회피하기 위해 부동산이나 사업체를 구입하지 않는 경우가 있다. 다른 예로, 항공기 탑승 시 비행기가 납치되었을 때와 같은 위험을 피하기 위해 항공편을 사용하지 않는 것도 리스크의 회피 또는 제거 방법이다.

리스크 회피는 모든 위험에 대한 최선의 해결책으로 보일 수 있다. 그러나 위험을 피한다는 것은 위험을 수용(유지)할 때 생길 수 있는 잠재적인 이익을 상실하는 것을 의미하기도 한다. 손실 위험을 피하기 위해 사업에 진출하지 않으면 이익을 얻을 가능성도 사라지게 된다. 마찬가지로 항공편을 이용하지 않는다는 것은 목적지에 도착하지 못하거나 다른 불편한 여행 경로를 선택해야 하는 문제점도 생길 수 있다.

위기를 기회로(Take opportunity)

이 책의 서두에서 위기(Risk)와 도전(Challenge)은 어떤 차이가 있는지를 살펴보았었다.

위기는 부정적인 피해에 초점이 있다고 하면, 도전은 기회에 초점이 있다고 하였다. 즉, 위기는 잠재적 손실과 이의 예방 또는 완화에 초점을 둔다면, 도전(Challenge)은 그 속에서 기회(Opportunity)를 찾는 해법에 초점이 있다고 하였다.

위기 관리 책임자는 위기의 대응 대안의 하나로 반드시 위기 속에서 기회는 없는지를 검토하여야 한다. 코로나가 큰 위기로 닥쳤을 때 택배 회사, 온라인 쇼핑 사업은 성장의 기회가 되기도 하였다. 또한 코로나로 인해 비대면 교육이 빨리 자리 잡은 것도 기회라고 할 수가 있겠다. 뒤에 다시 마텔 회사 사례를 설명하면서 위기가 기회가 될 수 있음을 설명하겠지만, 최근에 이와 관련한 재미있는 기사가 있어 그 내용을 소개한다.

"태국은 국토의 70%가 잠기는 대홍수를 겪은 적도 있다. 살던 집과 가재도구가 물에 휩쓸려간 와중에서도 수재민들이 물 위에 바가지를 엎어 놓고 카드놀이를 하거나, 낚시를 하는 장면들이 외신에도 다수 보도됐었다. 그런데, 최근 태국에서 홍수 피해가 심각한 상황이 발생했을 때 물에 잠긴 한 음식점이 화제가 되었다. 방콕 인근 논타부리의 타 남논이란 야외 식당이다.

강가에 인접한 이 식당은 태국식 바비큐를 파는 곳인데 물이 무릎 높이까지 차 올랐다. 그런데 이 식당엔 어린아이들을 포함해 손님들이 꽤 많다. 바지를 걷거나, 의자 위에 올라가 책상다리를 하고 태연하게 고기를 굽는다. 홍수 따위는 종업원이나 손님도 전혀 개의치 않는 모습들이다. 식당이 강 바로 옆에 위치하고 있어 보트가 지나가면 파도처럼 물결이 식당으로 몰려온다. 식사하던 사람들은 물결이 오면 '우르르' 피했다가 다시 테이블로 간다. 태국 영문 온라인 매체 더 네이션은 이를 두고 '저녁식사 파도타기'라고 표현해 보도했다. 물에 잠긴 식당을 찾은 손님들은 '시원하고 스릴도 넘쳐서 좋다'고 말하고 있다. 일부에선 안전을 걱정하기도 하지만 재미있고, 정취 있다는 반응이 대세다. 코로나 상황도 크게 다르지 않지만 천재지변 자연재해 등 사람의 힘으로 안 되는 것들이 여전히 많다. 물에 잠긴 태국 식당의 문전성시를 보면 위기 가운데 기회도 있음을 시사해준다."(출처: 네이버블로그, 해리 Harry)

위기에서 기회를 본다

출처: 사진 Nation, 글 Blog Harry

5T 대응 사례(Mattel)

5T 대응 기법을 실제 사례를 통해 좀 더 이해해보도록 하자. 세계 최대의 장난감 회사인 '마텔'이 사업의 지속가능성이 걸린 중대한 리스크 상황에서 취한 위기 대응 방법은 5T 기법 응용 면에서 모범 사례라고 할 수 있다.

2007년 마텔은 중국에서 생산된 장난감에 기준치 이상의 납 성분 검출과 장난감에 붙어 있는 자석을 아이들이 삼킬 가능성이 제기돼 세 차례에 걸친 제품 회수를 통해 전 세계적으로 2,000만 개 제품을 회수하는 초유의 위기를 맞은 바 있다.

60년이 넘은 이 회사는 브랜드 이미지에 결정적 타격을 받을 위기에 처했고 경쟁사는 '우리 제품에는 납 성분이 없다'라는 비방 광고로 마텔을 흔들었다. 그러나 그해에 엄청난 규모의 제품 회수와 새로운 점검시스템의 도입으로 비용과 투자는 발생했지만, 성공적인 위기 관리로 매출은 오히려 전년 대비 15%가 증가하는 결과를 보였다.

한마디로 적극적으로 책임지는 태도와 진정성 있는 사과, 재발 방지를 위한 구체적인 실천이 위기를 기회로 만든 것이다. 우선 즉각적으로 각종 매체와 온라인 미디어에 사과 동영상을 게재하고 모든 포털 사이트에 링크를 걸어 고객이 리콜 관련 웹 페이지에 쉽게 접근하도록 유도했다. 사과 동영상에는 자사의 로고를 크게 부각하여 적극적으로 책임지겠다는 의지를 보였다. 사과 메시지에도 브랜드와 소비자 사이의 관계, 소비자가 기대하는 바와 그 맥락을 충분히 반영한 진정성 있는 사과를 CEO가 직접 했다.

　당시 CEO인 밥 에커트는 사과와 더불어 장난감에서의 안전성을 강화하기 위해 3단계 안전진단시스템 강화를 약속하고 실천했다. 우선 장난감에 사용되는 모든 종류의 페인트를 전수 조사하고, 전 생산라인의 기습 점검 강도를 강화함은 물론 임의로 하던 완제품 검수도 전 제품으로 확대한 것이다. 이러한 내용을 담은 메시지는 소비자들에게 전달돼 이 사건 이후 고객의 구매 의향은 71%에서 76%로 늘어났으며, 신뢰도 역시 75%에서 84%로 늘어나는 결과를 가져왔다. 또한, 이 사건의 여파가 커지자 미 의회는 청문회를 열어 CEO를 소환했으나 오히려 신속한 위기 대응에 대한 칭찬을 한 것으로 이 회사는 더 유명해졌다. 위에서 설명한 마텔사의 위기 대응을 5T 방법으로 정리해 본다면 다음과 같다.

- 위기 수용(Tolerate) 조치는 없다. 리스크가 수용하고 감내할 수 있는 것이 아니기 때문일 것이다.
- 위기 완화(Treat)의 조치로는 3단계로 안전진단 시스템을 강화한 내용을 들 수 있다.
- 위기 이전(Transfer)은 외부의 전문가를 통한 페인트 전수조사와 별도의 생산라인 기습 점검을 들 수 있다.
- 위기 제거(Terminate)는 전 세계에 이미 판매된 2,000만 개의 제품 회수이다. 힘든 결정이지만 발생된 리스크를 제거하는 가장 효과적인 방법이었다.
- 위기를 기회로(Take Opportunity) 전환시키기 위해 회사는 적극적 책임을 지는 자세와 진정성 있는 사과, 재발방지를 위한 구체적 실천 사실을 소비자와 직접 소통하였다. 그래서, 위기 이전보다 매출이 증가하며 새로운 기회가 되었던 것이다.

　지금까지 마텔사의 위기 관리 사례를 통해 5T를 적용하는 방법에 대해서 살펴보았다.

　5T에 대해 추가적인 실습이 필요하다면 아래 사례를 가지고 5T를 적용하면서 사용법을 익히기 바란다.

5T 기법의 적용 실습

다음 사례를 읽고 5T 기법을 적용하여 리스크에 대한 대응 방안을 작성해보

자. 사례의 리스크 상황이 가장 효과적으로 제거되거나 해결 또는 안전하게 조치될 수 있도록 대응전략을 세워 본다.

사례1) 화학 공장의 공장장은 본사로부터 공장을 폐쇄하라는 지시를 받았는데, 폐쇄를 하게 되면 그동안 사용했던 화학 물질에 의한 토양 오염이 문제가 될 수가 있다. 화학공장의 폐쇄 결정에 따른 환경 오염 Risk에는 어떻게 대응을 해야 하나?

사례2) 공장 인력 Restructuring을 계획하고 있으며, 해고를 통보하는 과정 속에서 해고에 불만을 가진 사람들의 다양한 거부 행동이 있을 수 있음. 공장 인력 리스턱쳐링 시 사람 리스크에 어떻게 대응을 하여야 하나?

사례3) 해외 지사 마케팅 팀장은 현지 영업 인력을 추가하기로 결정하고, 현지 채용담당자에게 본인이 원하는 인력 스펙을 한국에서의 채용 경험을 기준으로 구체적으로 전달하고자 한다. 마케팅 영업인력 신규 채용 시 차별 대우 리스크(Discrimination Risk)에 어떻게 대응해야 하나?

위기 대응 조치의 매뉴얼화(Risk Manual)

리스크의 대응 전략이 수립되고 경과 지표 결정, 책임자 선정 등의 단계가 이루어지면, 책임을 보다 명확히 하고 비상상황에 구체적으로 신속하게 대응하기 위해서, 위기 대응 조치 매뉴얼이 구비되어 있어야 한다. 특히 사전적 리스크 관리 관점에서 매뉴얼을 사전에 준비하고 점검하는 것은 매우 중요하다.

매뉴얼의 3가지 기본 요소는 다음과 같다.

- 비상 조치(Emergency Actions): 위기 상황에 자동적으로 행동에 옮겨져야 하는 지침
- 상황실(Control Tower): 위기 관리 조직간 소통의 중심에서 지시를 내리고 판단하는 조직
- 소통 수단(Communication Tool): 어떤 경로와 방법, 단어를 써서 소통을 할 것인지 정함

또한 매뉴얼을 만들 때는 다음과 같은 사항을 고려하여야 한다.

- 모두가 이해할 수 있는 용어로 만들어져야 한다.
- 명료하고 구체적인 행동 방식이 표시되어야 한다.
- 모호한 상황에서는 누구에게 확인해야 되는지가 명확해야 한다.

- 비상상황에서 예상치 못한 일에 대한 판단 방법이 있어야 한다.
- 소통되는 채널이 복잡하지 않아야 한다.

이러한 위기 대응 조치의 매뉴얼화의 중요성을 좀 더 실감 있게 느끼기 위해 사례를 들어보겠다.

본 장의 서두에서 영화 '허드슨 강의 기적'을 통해서 항공기 추락이라는 절대 절명의 위기 순간에 설리 기장의 기적 같은 위기 대응 조치의 성공 스토리를 소개하였다.

- 설리 기장은 그 짧은 순간에 어떻게 올바른 판단을 할 수 있었을까?
- 비행기 추락이라는 최악의 항공 참사 위기에서 한 명의 사망자 없이 위기를 극복한 것은 무엇 때문이었을까?

이 대답을 얻기 위하여 지금부터 사고의 순간, 850m 상공에서 비상착륙까지 208초의 시간 동안 기장은 어떻게 위기 관리를 하였는지 살펴보자. 아래에서 보는 것처럼 절대 절명의 순간 설리 기장은 3가지 조치를 취하였다.

- 매뉴얼 체크 리스트를 실행(Follow the manual check list)
- 관제실과의 협력(Collaborate with controller)
- 승객들에게 안전 메시지 전함(Announce to passengers)

엔진이 멎은 위기 상황에서 설리 기장의 첫 번째 행동은 부 기장에게 매뉴얼의 체크 리스트를 찾아보게 한 것이었다. 항공사고의 80%는 이륙 후 3분, 착륙 전 8분 안에 일어난다고 한다. 그리고, 기장은 42년 경력을 가진 베테랑이었으니 얼마나 많은 실전 경험과 지식을 갖고 있었겠는가. 그럼에도 불구하고 위기의 순간 기장의 첫 번째 행동이 매뉴얼을 찾아본다는 것은 정말 중요한 키 포인트라고 생각한다. 물론 매뉴얼에 모든 경우를 다 실을 수도 없고 위기의 순간 일일이 내용을 찾아볼 시간적 여유가 없을 것이다.

그러나, 어느 소방 대장의 말에 따르면 화재가 발생하면, 사람들은 눈앞에 살 길이 있어도 찾지 못할 정도로 인지 능력이 떨어진다고 한다. 위기의 순간에 인지적 판단 착오를 피하기 위해서는 매뉴얼이 최고의 방법이라는 것은 많은 사례를 통해서 검증이 된 사실이다.

그러므로 꼭 기억해야 할 것은, 위기에 대처하는 첫 번째 행동 지침은 '매뉴얼 최우선', 즉 위기 시에는 매뉴얼을 우선적으로 따라야 한다는 것이다.

위기의 순간 기장의 두 번째 행동은 관제실과의 협력이었다. 관제탑에 상황 브리핑을 하고 해결 방안을 같이 찾아가는 것이었다. 비상 사태가 발생하면 현장 요원들이 가장 흔히 하는 잘못이 상황실에 연락을 하지 않고 혼자서 자의적 판단으로 선 조치를 하는 것이다. 그래서, 호미로 막을 것을 가래로 막게 되는 상황이 종종 발생을 하게 된다.

그런데, US Airways 사례에서는 기장이 정확한 정보를 관제탑과 교신하였기 때문에, 한겨울 허드슨 강에 불시착한 비행기에서 115명 승객 전원을 24분 만에 구출할 수 있었던 것이다. 이처럼, 상황실은 현장의 리더가 올바른 판단을 하도록 안내하고, 필요 자원을 동원하여 사고 이후의 후속조치를 하는 역할을 하게 된다. 그래서 위기 상황의 두 번째 행동 지침은 "상황실 중심의 협력"이다.

위기의 순간 기장의 세 번째 조치는 승객들에게 안전 메시지를 전하는 것이었다. 즉 승무원과 승객이 비행기 불시착에 대비를 할 수 있도록 미리 알려주는 것이었다. 비상 착륙 시에 기장이 승객들에게 전한 메시지는 "충격에 대비해 꼭 잡아라"(Brace for Impact)였다. 기장은 이 용어를 선택한 이유를 이렇게 얘기한다.

- 잘 정의되어 있고,
- 간단하며
- 모두가 무엇을 해야 하는지를 아는 항공 전문 용어를 선정했다.

저자가 처음 도시가스에 갔을 때 위기의 순간 당황했던 적이 있었다. 가스 누출이라는 비상 상황이 발생해서 현장에 급하게 출동을 했는데, 현장 담당자 모두가 큰 목소리로 소리를 지르고 있어 무슨 말을 하는지 알아듣기가 어려웠다. 물론 현지 사투리 억양 때문에 그런 것도 있지만, 실은 위기 관리 매뉴얼에 대한 이해가 부족하여 현장의 전문 용어들을 잘 몰랐기 때문일 것이다.

위기 시에 세 번째 행동 지침은 바로 "정의된 용어로 정확한 소통을 한다"이다.

위기에 대비하기 위해, 현장에서 사용하는 용어들이 잘 정의되어 있는지, 모두가 이해할 수 있는 용어인지, 이번 기회에 다시 한번 꼼꼼히 점검해보면 좋을 것이다.

여기에서 잠깐 1997년에 228명의 사망자를 낸 대한항공 801편 추락 사고를, '허드슨 강의 기적' 사례와 비교해서 위기 관리 대처 상황을 되돌아보려고 한다.

1997년에 228명의 사망자를 낸 대한항공 801편 추락 사고

사진출처: 연합

당시 상황은 대한항공 801편이 괌 비행장에 착륙을 시도하는데, 비 때문에 시야가 가려진 위기 상황이었고 활주로는 신호의 혼선이 있었다. 그 순간을 기록한 블랙박스에 의하면 기장과 부기장의 위기 관리에는 몇 가지 치명적인 위기 관리상의 실수들이 발견되었다.

관제탑과의 소통은 잘 안 되었고, 심지어 부기장이 착륙 실패를 외쳐도 기장은 바로 대응을 하지 않았다. 결국 비행기는 낮은 야산에 충돌하고 마는데 나중에 사고 원인 조사에서 첫 번째 원인은 기장이 고도 확인 등의 절차와 규정을 무시한 것이었다.

앞서 설명한 위기 상황에서 행동 지침 3가지를 기준으로 설명을 한다면, 1997년 대한항공 801편 추락 사고 시에는 안타깝게도 "매뉴얼 최우선, 상황실 중심 협력, 정확한 용어로 소통"이 3가지 중 어느 것도 제대로 지켜지지 않았다.

만일 우리 사업장에서, 위기를 해결하기 위해 208초라는 짧은 시간만이 허락된다면, 어떻게 행동을 할지 생각해보자. 그리고 스스로에게 이런 질문을 던져보자.

- 나의 현장에는 모두가 바이블처럼 소중히 여기는 매뉴얼이 잘 준비되어 있는가?
- 위기의 순간, 상황실을 중심으로 한, 신뢰할 만한 협력이 있는가?
- 매뉴얼에 의해 정의된, 정확한 용어로, 소통을 하고 있는가?

항공기 사고 원인을 규명하는 청문회와 인터뷰 과정에서 설리 기장은 당시 상황을 회고하며 이렇게 얘기를 했다.

- 기장은 두려움이 아닌 사실에 기반하여 의사결정을 할 수 있는 능력이 있어야 한다.
- 나의 42년 비행 경력은 최악의 상황 Worst scenario을 대비한 시간이었다.
- 나는 내 승무원과 비행기를 잘 알고 있고, 충분한 경험이 있어 무엇부터 해야 하는지를 알 수 있었다.
- 나와 부기장은 오랜 경험으로 위기의 순간에도 직관적으로 무언의 공조를 할 수 있었다.
- 소통은 모두가 이해할 수 있도록 매뉴얼에 잘 정의된 단어를 사용했다.

이러한 기장의 인터뷰 속에 저자에게 가장 와닿은 것은 "나의 42년 비행 경력은 최악의 상황을 대비한 시간"이라는 말이었다. 추락의 위기에서 기적 같은 비상착륙을 할 수 있었던 것은, 오래전부터 그런 위기의 순간을 준비했기 때문에 가능했다고 기장은 말하고 있는 것이다.

허드슨 강의 기적은 바로 준비된 위기였던 것이다.

저자는 설리 기장의 위기 관리 리더십의 성공 요인을 이렇게 정리하고 싶다.

"축적된 지식과 경험이 매뉴얼로 구체화되었다."

"상황실 및 승무원과 신뢰하는 협력 체계가 있었다."

"매뉴얼에 정의된 용어로 정확한 소통을 하였다."

앞서 위기 시의 행동 지침 3가지를 설명하였는데, "매뉴얼, 상황실 중심 협력, 정확한 소통"이라는 3가지 지침이 설리 기장의 위기 관리 리더십을 통해서 발휘된 것이다.

위기 관리 리더십은 바로 이러한 원칙들이 찰나의 위기 순간에도 무의식적으로 작동될 수 있도록, 위기 관리 시스템과 행동 양식을 지속적으로 연습하여야만 한다. 위기의 순간에 행동 지침을 기억해서 하는 것이 아니고, 직관적으로 행동에 옮길 수 있을 정도로 습관이 되어있어야만 한다. 위기 관리 리더십은 바로 이러한 습관을 만들어 내는 것이라고 할 수도 있다.

지금까지는 영화 허드슨 강의 기적을 통해서 위기 관리 리더십, 특별히 위기 대응 조치 매뉴얼의 중요성에 대하여 알아보았다. 이번에는 저자가 겪었던 위기 관리 사례를 통해 좀 더 자세한 현장 중심적인 위기 관리 방법에 살펴보려고 한다.

저자가 도시가스 대표로 있을 때에, 한번은 사거리 교차로에서 도로공사 중 장비가 가스 배관을 찍는 바람에 가스가 누출되는 비상 사태가 발생하였다. 다행히 현장 대응은 신속 정확하게 잘 되어 추가적인 피해가 없었지만, 그 사고의 원인을 분석하면서 그동안 간과하였던 문제들을 발견할 수 있었다. 현장 근무자는 도로 공사 업체와 사전에 안전 점검 미팅을 하였고 배관 파손 위험이 없다고 시스템에 기록도 남겼다. 여기까지는 문제가 없어 보이는데, 추가 조사를 해보니 이렇게 사전에 안전 미팅을 거쳤음에도 불구하고 배관을 파손한 사고가 다수 발견되었다. 그리고 사전 신고도 없이 공사를 하다가 사고를 내는 경우도 다수 있었다. 결국 가스 사고의 가장 큰 잠재적 원인은 무허가 공사였다. 이것은 우리에게 무슨 문제가 있다는 걸 시사하고 있는 걸까? 그동안 통상적인 위험 관리 시스템과 매뉴얼은 공사 현장이 우리가 미리 규정한 프로토콜에 따라 작업될 것이라는 전제하에 설계를 한 것이었다. 그래서, 현장 요원과 상황실은 무허가 공사라는 잠재적 위험을 제대로 평가하고 대비하지 못했던 것이다. 이렇게 안전 사고에 대한 근본 원인 분석(Root Cause analysis)을 통해서 다음과 같은 3가지 방향으로 위기 관리 제도를 보완하였다.

- 무허가 공사 감지 시스템 도입 및 위기 조치 매뉴얼화
- 위기 관리 팀이 위험을 인지하고 대응하는 역량 제고
- 상황실 중심 소통의 정확도 제고

첫째는 무허가 공사를 감지할 수 있는 시스템을 도입해서 현장 근무자가 습관처럼 사용할 수 있도록 매뉴얼화하는 것이다. 이를 위해 다음과 같은 구체적 system들이 현장에 도입되었다.

- 공사 감독 웹캠(Web cam)을 도입하여 상황실에서 원격 화상 모니터링을 할 수 있게 한다.
- 드론에 굴착기 인식 프로그램을 탑재하여 공사 현장 주변을 실시간 점검한다.
- 공공기관 CCTV를 활용하여 무허가 공사 현장이 있는지 실시간으로 탐색한다.
- 굴착공사 허가 기관과 데이터베이스를 실시간 공유하여 미신고 공사를 사전에 발견한다.
- 공사 감독 시스템을 실시간으로 업그레이드 한다(배관 설비 및 공사 위치, 시간 정보).

두 번째 방향은 위기 관리 팀 구성원들의 위험 인지 능력 및 대응 역량을 제고하는 것이다.

이를 위해서는 다음과 같은 프로그램들이 도입되었다.

- 전문가 역량 진단 필수 테스트를 통하여 배관 시설 정보의 숙지 수준을 제고한다.
- 과거 사고를 소재로 한 블랙박스 문제집을 통해 종합적인 위험 인식 능력을 제고 한다.
- 과거 주요 사고 발생일을 기념일로 지정하여 재발방지 프로그램을 운영한다.
- 소 그룹 훈련 및 다면 평가 훈련을 전사 비상 훈련과 같은 비중으로 수행한다.
- 위기 관리 수준을 평가하는 핵심 리스크 지표를 인사 평가에 포함시켜 상시적 관리한다.
- 개인별 직무 위험 체크 리스트를 갖고 점검 결과를 주기적으로 보고하게 한다.

세 번째 방향은 상황실과 현장 간에 소통의 정확도를 제고하는 것이었다.

이를 위해서는 다음과 같은 system들이 도입되었다.

- 모바일 영상 플랫폼을 활용하여 현장 생중계 및 multi-channel 비상통신을 갖춘다.
- 모바일 위기 관리 앱을 도입하여 현장 정보의 정확도를 제고한다.
- GPS를 활용한 안전 관리 차량 위치 추적 시스템 업그레이드를 한다.
- 사업 현장 설비를 상황실에서 원격 제어하는 system을 도입한다.

지금까지 소개드린 시스템들의 구체적인 설명은 지면의 제한으로 생략하겠지만, 이러한 도시가스의 안전 관리 혁신 내용을 다시 정리해 보면 이렇게 3가지가 되겠다.

- 무허가 공사 감지 시스템 도입 및 매뉴얼화
- 위기 관리 팀의 위험인지 및 대응 역량 제고
- 상황실 중심 커뮤니케이션의 정확도 제고

도시가스의 위기 관리 혁신 노력은, 허드슨 강 기적을 만든 Sullenberg 기장의 위기 관리 리더십 성공 요인과 정확히 일치하고 있음을 볼 수 있다.

다시 한번 살펴본다면, "축적된 지식과 경험이 Manual로 구체화되었다." "상황실 중심의 신뢰하는 Teamwork가 있었다." "정의된 용어로 정확한

communication을 하였다."

이렇게 허드슨 강의 기적과 도시가스의 사례로부터 찾아본 위기 관리 원칙들은 사업장은 달라도 위기 관리의 리더십과 원칙은 동일하게 적용할 수 있다.

기회와 위기는 한 짝이 되어서 찾아온다고 한다. 새로운 사업 기회를 항상 찾고 있는 우리에게 위기는 이미 예고된 것과 같다. 예고된 위기를 원칙을 가지고 사전에 철저히 대비하는 것이 바로 위기 관리 리더십이다. 위기 관리를 잘하기 위해서는 세 가지 단어를 꼭 기억하시기를 부탁드린다. "매뉴얼, 상황실, 커뮤니케이션."

준비된 위기는 위기가 아니란 말이 있다. 예측할 수 없는 것을 예측하려 하기보다, 예측할 수 있는 위기의 충격을 줄여나가는 데 초점을 맞추는 것이, 더 중요하지 않을까 생각이 된다.

42년간 최악의 상황을 준비하여 왔다는 설리 기장의 마음 가짐이 오늘도 위기의 현장을 지키는 모든 주재원과 리더들의 마음가짐이 되어 준다면 좋겠다.

이해관계자 보고 Review & Report

리스크 관리 FMA의 책임 요소(Accountability)의 측면에서 리뷰와 리포트를 한다는 것은 이해관계자를 파악하여 명확하고 신속한 소통을 통해 리스크 제거 및 해결을 위한 적시의 의사결정이 이루어지도록 하기 위함이다. 그러므로 리더와 책임자는 항상 리뷰와 리포트에 관한 자료와 정보를 점검하고 보유하고 있어야 한다.

리스크에 대한 리뷰를 진행하는 데는 세 가지 중요한 활동이 있다.
1) 위험 관리 방식의 효율성 측정
2) 프로세스가 작동하고 있는지를 점검
3) 리스크 프로파일이 변경되고 있는지 여부를 모니터링

특별히 이 모니터링 과정에서는 아래의 세 가지를 판단해야 한다.
1) 추가 조치가 필요한지 여부
2) 적절한 통제가 이루어지고 있는지 여부
3) 새로운 불확실성이 출현하고 있는지 여부

리스크에 대한 리포트를 진행할 때에는 이해관계자 그룹을 모두 파악하는

것이 우선이다. 회사 경영진뿐 아니라, 주주, 사업 파트너, 그리고 회사 구성원들을 모두 대상으로 놓고 무엇을 어떤 방식으로 소통할 것인지에 대한 검토를 하여야 한다.

경영진과 사업 파트너와 같이 리스크를 관리해야 하는 책임이 있는 이해관계자들에게 하는 리포트는 리스크를 제거하거나 완화하기 위한 의사결정을 할 수 있는 정보들이 제공되어야 할 것이다. 이러한 정보에는 FMA 모델을 통해서 정리된 리포트들이 포함될 것이다.

그런데, 흔히 간과하기 쉬운 이해관계자 그룹은 해당 리스크로 인해 영향을 받을 수 있는 주변의 이웃들과 같은 공동체들이다. ESG가 강조되는 사회 트렌드에서 리스크를 사업상 리스크만으로 한정시키는 것은 또 다른 리스크를 만들어 낼 수 있기 때문이다.

이해관계자 그룹마다 전달되어야 하는 리포트는 매우 상이하다. 기본적으로 투명성의 원칙이 적용되어야 하겠지만, 또한 사업에 주는 영향과 정보 수용성을 고려하여 제공될 정보를 잘 구분하는 것이 필요하다. 앞서 설명한 매뉴얼 속에는 이러한 이해관계자들에게 제공될 정보의 내용과 전달 방법에 대한 것도 사전에 정해 놓아야 할 것이다.

07 》 전략적 위기 관리 모델 FMA의 적용

지금까지 전략적 위기 관리 리더십 모델 FMA를 통해서 전략적 위기 관리를 위한 다양한 개념과 기법들을 소개하였다.

- 리스크 프로파일링(Risk Profiling)
- 결과 측정 지표(Outcome Measure)와 경과 측정 지표(Progress Measure)
- 리스크 관리 레이다 차트
- 책임자 선정(Accountability)

이와 같은 리스크 관리 기법들을 통해서 리스크의 근본 원인과 우선순위를 어떻게 찾고 어떤 지표에 중점을 두어 관리할지, 또한 리스크 전략을 어떻게 세우고 실행할지에 대한 관점들을 이해하였을 것이다. 그러면, 이런 관리 기법들을 현업에 적용하기 위하여 나의 현장에 리스크 관리 수준은 어떤지를 파악할 필요가 있을 것이다. 이를 위해서는 다음과 같은 FMA 모델에 근거한 체크리스트를 점검해보기 바란다.

리스크 체크 리스트

1	리스크의 근본 원인과 일어난 사건(event)을 명확히 파악하고 있는가?
2	리스크의 결과를 예측하고 대응 우선순위를 평가하였나?
3	발생된 리스크의 결과(Outcome)를 측정할 수 있는 지표가 결정되었나?
4	리스크의 결과(Outcome)를 위한 경과(Progress)지표가 도출되었는가?
5	통제 및 관리되어야 할 각 경과 지표의 명확한 책임자가 선정되었나?
6	각 경과 지표에 대한 대응전략과 구체적 조치 계획이 수립되어 있는가?
7	리스크 발생시 대응 상황을 소통할 이해관계자를 명확히 알고 있는가?
8	경과 정보를 신속하게 보고하고 대처할 수 있는 보고체계가 구축되어 있는가?

리스크 관리 역량 자가 진단

또한, 현업에 리스크 관리 기법을 적용하기 위하여 자신의 현재 리스크 관리 능력을 객관적으로 파악해보는 것도 도움이 된다. 간단한 자가진단을 통해 현지에서의 리스크를 효과적으로 관리하기 위한 3요소에 대한 자신의 현재 역량을 아래 표를 활용하여 확인해본다.

1) 각 문항의 내용을 읽고 이해한다.
2) 실제 발생 빈도가 높은 내용에 체크한다.
3) 합산 점수를 기록한다.

집중(Focus)

1. 내 팀이 해결해야 하는 가장 중요한 리스크에 나의 시간과 에너지를 투입한다.	1	2	3	4
2. 내 팀 구성원들과 현지 STAFF에게 우리의 가장 중요한 우선순위의 리스크가 무엇이며 그것이 어떻게 조직의 목표와 연계되어 있는지 알린다.	1	2	3	4
3. 긴급한 문제 때문에 초점이 분산될 때, 재빨리 나 자신과 팀원들이 중요한 리스크 관리에 다시 집중하도록 한다.	1	2	3	4
4. 잠재적인 장애물과 또다른 우려사항은 없는지 내다보면서 리스크에 대한 관리를 진행한다.	1	2	3	4

합계 점수:

측정(Measurement)

5. 나는 팀이 언제 우선순위의 리스크 목표를 달성했는지 알 수 있도록, 적합한 지표를 측정한다.	1	2	3	4
6. 나는 일관되게 중간 지표를 활용하면서 팀원들이 무엇을 조정해야 할지 판단하도록 돕는다.	1	2	3	4
7. 나는 우선순위가 높은 리스크 관리의 기한을 설정하고, 무엇을 성공이라고 할 것인지 명확하게 정의한다.	1	2	3	4
8. 나는 팀의 리스크 관리 우선순위와 그 진행 경과가 팀원에게 잘 보이도록 한다.	1	2	3	4

합계 점수:

책임(Accountability)

9. 나는 팀의 우선순위 리스크를 해결하는 데 필요한 각 행동을 팀원 중 적임자가 맡을 수 있도록 신경 쓴다.	1	2	3	4
10. 나는 책임을 맡은 팀원들을 모니터링하고 팔로우업 하는 절차를 수립한다.	1	2	3	4
11. 나는 팀의 우선순위 리스크를 해결하기 위해 팀원들이 필요로 하는 코칭과 피드백을 제공한다.	1	2	3	4
12. 나는 책임을 맡은 각 팀원에게 리스크에 대한 책임을 성공적으로 수행하거나, 그렇지 못할 경우에(개인과 조직 모두에게) 따라올 수 있는 결과를 솔직하게 소통한다.	1	2	3	4

합계 점수:

이와 같이 여러분 현장의 리스크 관리 수준과 여러분의 리스크 관리 역량 수준이 파악이 되었다면, 이것을 출발선으로 FMA 모델의 현업 적용 실습 과정을 통해서 좀 더 업그레이드된 위기 관리 역량을 키워나갈 수 있을 것이다. 리스크 관리 역량 자기 진단의 결과를 놓고 다음과 같은 질문을 통해서 현업에 FMA 모델을 어떻게 적용할지를 생각해보자.

- 집중 Focus: 나의 사업 리스크를 발견하고 우선순위를 파악하는 데 어떤 기법을 우선 적용할 것인가?
- 측정 Measurement: 현업에서 리스크의 경과 지표를 측정하고 관리하는 데 어려운 점은 무엇인가?
- 책임 Accountability: 현재 발견된 리스크에 대응하기 위한 나의 5T 방안은 무엇인가?

리스크 관리 워크시트

이러한 FMA Model 과정들을 현업에서 순차적으로 적용할 수 있도록 양식화된 것이 아래에 첨부된 "리스크 관리 워크시트"이다. 이 양식을 간단히 설명한다면, 집중 Focus 과정을 통해서 리스크 스테이트먼트가 명확화되고, 이에 따라 리스크를 제거 또는 완화하기 위한 과제들이 측정 과정에서 도출될 것이다. 선정된 경과 지표(양식에는 3개 칼럼)마다 책임자 선정 과정에서 소개한 책임자를 선정하고 및 실행 조치들을 적는다. 이렇게 위기 관리 워크시트 양식의 순서대로 단계별로 검토를 하게 되면 FMA 모델 전 과정을 적용할 수 있게 된다.

리스크 관리 워크시트

Focus	원인					
	사건					
	결과					
	충격강도	High	High	Low	Low	
	발생빈도	High	Low	High	Low	
Risk State-ment						
Measure-ment	결과 지표					
	측정 지표					
	위험 상태	정상 O O O O 위험		정상 O O O O 위험		정상 O O O O 위험
Account-ability	책임자					
	5 T 전략 선택					
	대응 조치 계획					
	조치 일자					
	주요 이해관계자					
	매뉴얼화 점검 (Y/N)	• 비상 상황 발생시 조치 방법 매뉴얼이 있는가?				
		• 리스크 발생시 전체 상황 및 경과지표의 통제 담당부서가 명확한가?				
		• 경과정보를 신속하게 보고하고 대처할 수 있는 보고체계가 구축되어 있는가?				

Focus 영역 오른쪽: 발생 빈도(Likelihood) / 충격 강도 (Impact)
- 중-하 수준 상시 위기(III)
- 최우선 위기 (I)
- 후순위 위기 (IV)
- 중-상 수준 재난성 위기(II)

전략적 리스크 관리 리더십 모델 FMA 실습 사례: Fuyao

이제는 지금까지 학습한 모든 내용을 우리의 현업에 직접 적용할 수 있는 스킬을 익히도록 실습 방법을 소개하려고 한다. 실습 방법은 넷플릭스 다큐멘터리 'American Factory'를 기본으로 해서 FMA 모델을 적용하여 위기 관리 워크시트를 작성하는 것이다.

'American Factory'는 중국 자동차 유리 회사인 Fuyao가 미국 현지공장을 정착시켜 가는 과정을 다큐먼트 영화로 만들어 소개한 것이다. 전 미국 대통령 버락 오바마 부부가 후원한 것으로도 유명한 이 영화는 해외 현지 공장의 운영을 책임져야 하는 우리 주재원들에게는 벤치마킹을 할 수 있는 좋은 기회가 될 것이다.

American Factory에는 다양한 경영 이슈들이 등장하지만, 본 챕터의 목적상 위기 관리에 관련된 이슈들만을 다루고 다른 이슈들은 해당되는 챕터에서 다루게 될 것이다.

실습은 아래의 순서를 따라서 부록에 첨부된 워크시트를 작성하면 된다.

- 다큐멘터리를 직접 보거나 아래에 소개된 Fuayo의 경영 현황을 숙지한다.
- 제시되어 있는 3가지 리스크 중에서 하나를 선택하여 관련된 내용을 검토한다.
- 선택한 리스크에 대해 워크시트의 집중 Focus 단계를 수행하면서, 현재 위험 수준과 리스크 스테이트먼트를 작성한다.
- 측정 Measurement 파트는 한 가지의 결과 지표와 그 결과 지표를 달성하기 위한 경과 지표, 즉 리스크 해결 및 제거 과정의 진척 여부를 측정할 수 있는 정량적 지표를 세 가지 찾아내어 적는다.
- 책임 Accountability 파트에서는 각 경과 지표별로 책임자를 임의로 선정하고, 필요한 조치를 5T 기법을 적용하여 검토하고 적는다.

Fuyao 의 경영 현황 소개

Fuyao Group은 1987년 중국 복주에서 설립되었다. 자동차 안전 유리 및 산업용 기술 유리 제조를 전문으로 하는 다국적 대기업이다. 1993년 상하이 증권 거래소, 2015년 홍콩 증권 거래소의 메인 보드에 상장되었다. 창립 이래 Fuyao Group은 항상 중국인을 위해 고품질 유리를 독립적으로 제조하고 중국 자동차 산업에서 중요한 역할을 지원하기 위해 노력해 왔다.

이를 위해 '부지런함(diligence), 단순성(simplicity), 학습 및 혁신(learning and innovation)'이라는 핵심가치를 유지하고 독립성, 응용 R&D, 개방성 및 포용성의 전략적 경로를 고수한다. 30년 이상의 개발 끝에 Fuyao Group은 현재 미국, 러시아, 독일, 일본 및 한국을 포함한 11개국과 중국의 16개 성 및 도시에 수많은 현대적인 생산 기지를 보유하고 있다. 중국, 미국, 독일에 6개의 R&D 센터가 있으며 전 세계적으로 27,000명이 넘는 직원이 있다.

현재 Fuyao Group은 Bentley, Mercedes-Benz, BMW, Audi, GM, Toyota, Volkswagen과 같은 세계 최고의 자동차 제조업체 및 주요 OEM에서 제품을 구매하고 있으며, 세계 최대의 자동차 유리 공급 업체 중 하나로 성장했다. 전 세계 OEM을 지원하는 서비스와 자동차 유리용 맞춤형 솔루션 패키지를 제공하는 Fuyao Group은 다양한 자동차 제조업체로부터 우수한 글로벌 공급 업체로 인정받고 있다.

Fuyao Group은 "A Better Fuyao, A Better World"를 컨셉으로 사회에 대한 책임감을 강조한다. Fuyao Group은 설립 이래 "중국 소비자를 위한 자동차 유리 제조"라는 비전을 제시하고 "세계에서 가장 경쟁력 있는 자동차 유리 전문 공급 업체가 되는 것"을 목표로 하고 있다.

2014년 중국의 유리 생산업체 푸야오는 2008년 불경기로 문을 닫은 제너럴 모터스(GM) 공장을 인수하고 미국 진출에 나섰다. 푸야오는 공장 운영에 필요한 현지에서 온 숙련된 기술자를 제외하고 일자리를 찾는 오하이오주 시민들에게 노동 시장을 개방하고, 푸야오 글래스 아메리카를 책임질 사장도 미국인을 선임했다.

공장 설립 초기만 해도 양측은 낙관적인 분위기가 팽배했다. 비록 몇 가지 걸림돌이 있긴 했지만, 오하이오주의 새로운 희망에 대한 믿음이 더 컸다. 하지만 푸야오의 직원이 된 미국인 노동자는 실직 신세를 면했다는 행복이 크게 자리하면서도 예전과 너무나도 차이 나는 고용 현실을 실감해야 했다. 단적으로 시급은 GM 시절의 절반에 미치지 못하며, 중국인 고용주는 생산성을 이유로 엄격한 노동 환경을 내세운다. 미국인 근로자들은 처음의 들뜬 기대와 달리 갈수록 고된 업무에 지쳐간다. 반면 중국인 관리자에게 미국인은 게으르고 현실에 안주하려 한다는 인식도 양립하기 힘든 문화 충돌의 요인으로 자리한다. 설립 초기 푸야오 글래스 아메리카는 생산성이 목표에 미치지 못해 부진을 거듭한다.

차오 회장은 미국인 관리자를 중국 본사에 불러들여 엄격하고 체계적으로 조직화된 노동 문화를 본보기로 보여준다.

Fuyao의 세 가지 리스크

1) 당신은 현장의 매니저이자 안전 관리 책임자이다. 유리 공장의 특성상 폐유리, 화학 폐기물이 많이 발생하고 있으며, 현장에서는 유리 파손, 유리의 하중으로 인한 사고의 위험이 점점 증가하고 있습니다. 환경 오염의 문제도 대두되고 있습니다. Fuyao 경영진은 중국 공장의 관리 체제를 미국 공장에도 접목을 하기를 원하고 있습니다. 그러나 규제 환경이 다른 것을 고려해야 합니다. 이 상황에서 어떻게 공장의 SHE 리스크에 대응할 것인가?

2) 당신은 현장 관리 책임자이다. 최근에 현지 공장을 감독하는 정부 산업 관리청에서 생산 현장이 협소하다는 지적을 받은 적이 있습니다. 그뿐만이 아니라 현재 현장 레이아웃도 정리되지 않았고 이 상태에서 불량이 지속적으로 발생하여 공정관리의 안전성이 더 문제가 되고 있다는 보고를 받았습니다. 그런데, 오늘 오전 고객인 H사가 생산 현장 감사를 오겠다고 통보를 받았습니다. 여러분은 현장 관리 책임자로서 어떻게 현장 관리 리스크에 대응할 것인가?

3) 당신은 공정 관리 책임자이다. 최근 공장에서 생산 공정에 심각한 문제가 생기기 시작했습니다. 유리에 물 자국으로 인한 불량뿐 아니라 공정 불안에 의한 유리 파손 등 품질 불량이 자주 발생하고 있습니다. 현지 파견 담당자들은 온도 관리 프로세스가 미흡하며, 공정을 다루는 현지 STAFF의 대응도 매우 미숙한 것이 문제라고 생각하고 있습니다. 이에 대한 문제대응팀도 내부적으로 구성되지 않은 상태이다. 생산량을 맞추는 데도 시간이 부족한 상황에서 품질 불량 리스크에 어떻게 대처를 해야 하나?

CHAPTER

리더를 키우는 수퍼 리더십
(Super Leadership) 모델

리더를 키우는 수퍼 리더십
(Super Leadership) 모델

"가장 위대한 승리는 나 자신을 정복하는 것이다."

-플라톤-

글로벌 리더들이 부닥치게 되는 네 번째 도전은 개인적으로 중요하면서도 아마 가장 어려운 것이 아닐까 싶다. 현지에 나가면, 자신을 돌아보고 챙길 수 있는 마음의 여유가 없어진다. 그럴 때 어떻게 하면, 육체적으로나 정신적으로 건강하면서, 행복한 나를 만들어갈 수 있을지는 심각한 도전이 아닐 수 없다. 저자도 주재원 파견 시간이 지날수록 고립된 느낌을 받으면서 에너지가 고갈되어 힘든 시간을 보낸 적이 있다.

이럴 때 필요한 것이 바로 셀프 리더십이다(Self-leadership). 셀프 리더십이란 말 그대로, '내가 나 자신을 주도적으로 리드'하는 것이다. 그런데, 글로벌 리더들이 현지 리더로서 제대로 역할을 하기 위해서는 내 자신이 셀프 리더십을 갖추는 것에서 한 발 더 나아가서 현지 구성원들을 셀프 리더로 육성을 해야만 한다. 이렇게 리더를 키우는 리더십을 수퍼 리더라고 한다.

여기에서는 수퍼 리더십 모델의 기초가 되는 감정 지능을 설명하고, 핵심 요소인 셀프 리더십 모델과 그 구성 요소들을 설명할 것이다. 그리고 실천에 옮길 때 유용하게 쓸 수 있는 기법도 익히게 될 것이다.

PARS 경영 모델의 네 번째 수퍼 리더십 모듈에서는 다음과 같은 토픽을 다룰 것이다.

- 리더십 행동(Behavior)의 중요성
- 리더의 행동을 변화시키는 수퍼 리더십 모델

- 감정 지능(EQ, Emotion Intelligence) 모델
- 셀프 리더십(Self-Leadership)
- 리더를 육성하는 GROW 코칭 모델

이번 장에서 다루게 될 내용에 대해 간단히 소개를 하면, 먼저 리더십 행동이 조직 내에서 어떤 영향력을 가지고 있는지 알아보고, 이번 과정의 주제인 수퍼 리더십에 대해 설명을 할 것이다. 그리고 그 수퍼 리더십의 가장 중요한 기초인 감성지능(Emotion Intelligence)은 무엇인지를 소개할 것이다. 그리고, 수퍼 리더십의 핵심인 셀프 리더십의 두 가지 요소를 학습한 후에 여러분이 조직 구성원을 셀프 리더로 성장시킬 수 있는 GROW 코칭 기법을 익히게 될 것이다.

이런 내용을 학습 목표로 정리하면 다음과 같다. 목표를 읽으면서 가장 자신에게 의미 있을 것 같은 학습 목표와 학습을 통해 얻게 될 내용을 생각하면서 진도를 나가게 되면 내용을 더 효과적으로 익힐 수 있게 될 것이다.

- 구성원의 자발적 성과를 만들게 하는 리더십 행동(Behavior)의 중요성을 이해함
- 리더의 행동을 변화시키는 수퍼 리더십 모델에 대해 학습함
- 수퍼 리더십(Super Leadership) 모델의 핵심요소인 감정 지능(Emotion Intelligence)의 내용을 익히고 자신에게 적용함
- EQ의 5가지 요소를 이해하고 각 요소를 강화하는 스킬을 학습함
- 자기 리더십(Self-Leadership)의 실천 방법과 구성원을 코칭을 통해 셀프 리더(Self-Leader)로 육성하는 방법을 학습함

본 장에서 학습한 개념이나 기법들을 적용하면 다음과 같은 역량을 갖게 될 것이다.

- 글로벌 리더로서 보다 영향력 있는 리더십을 통해 조직구성원과의 신뢰를 형성하며 높은 성과를 달성할 수 있다.
- 감성지능(Emotion Intelligence)을 발휘하여 자신의 의도와 가치에 일치하는 행동(Behavior)을 할 수 있다.
- 자신의 EQ를 진단하고 현재 스킬 수준에서는 주변에 어떤 영향을 미치는지 분석할 수 있다.
- 자기 리더십(Self-Leadership)을 발휘하여 자신의 강약점을 인식하며 자신의 습관을 변화시킬 수 있다.

- GROW 코칭을 통하여 조직구성원이 셀프 리더(Self-Leader)로 성장하도록 도울 수 있다.

01 >> 리더십 행동(Leadership Behavior)

리더의 특징을 보여주는 행동과 언어를 우리는 리더십 행동이라고 부른다. 리더들이 갖고 있는 행동 방식이 조직 문화에 어떤 영향을 미치는지, 그리고 성과와는 어떤 인과 관계가 있는지를 조사한 설문 결과가 수퍼 리더십을 이해하는 데에 의미가 있어 여기서 소개를 하려고 한다.

조사 내용은 좋은 상사와 나쁜 상사는 어떤 특징(Characteristics)을 갖고 있고 그런 리더들에게 팀원들은 어떤 느낌(Feelings)을 갖게 되는지 그리고 그런 상사들로 인해 팀원들은 어떻게 행동(Actions)하게 되는지에 대한 조사였다. 독자들도 아래 결과를 보기 전에 자신이 겪은 좋은 상사와 나쁜 상사에 대한 이미지를 먼저 그려보면 공감과 이해가 잘 될 것이다.

먼저 나쁜 상사에 대한 조사에 답변한 내용 중 가장 많이 나오는 것들을 모아보면 아래와 같이 정리해 볼 수 있다. 여러분도 공감이 가는지 여러분의 생각과 비교해 보기 바란다.

나쁜 상사

상사 특징(Characteristics)	구성원 느낌(Feelings)	구성원 행동(Actions)
지나치게 간섭하는	불안한	아프다고 전화하는
자기 이익만 생각하는	좌절감이 드는	집에 일찍 가버리는
소통하지 않는	궁지에 몰린 듯한	위험을 기피하는
도움이 되지 않는	피곤한	말을 하지 않는
비판적인	스트레스를 받는	고객응대에 소홀하는
완고한(융통성 없는)	사기가 저하되는	방어적으로 행동하는
부정적인	화가 나는	책임지려고 하지 않는
접근하기 어려운	혼란스러운	하는 척만 하는
속을 숨기는 (알 수 없는)	분노가 치미는	이직을 알아보는

나쁜 상사는 대체로 이런 부정적인 특징을 보이고, 그 사람과 일할 때 구성원들은 사기가 저하되는 느낌을 받고, 그랬을 때 책임을 회피하는 행동을 하게 된다고 조사가 되었다. 이런 나쁜 상사의 특징으로 인해 모든 구성원이 이러한 행동을 할 경우 조직의 성과가 좋을 수 없는 것은 당연한 결과일 것이다.

그러나, 조사 결과에서 보이는 나쁜 상사가 항상 이런 행동을 하지는 않을 것이고, 또 이런 행동을 하려는 의도나 가치관을 갖고 있는 사람이 아닐 수도 있다. 그러면 왜 이런 특징을 보이게 되는 것일까. 이 질문에 대한 답변은 다음 설문 조사를 확인하면서 설명하려고 한다.

다음 내용은 좋은 상사라고 기억 되는 리더들은 어떤 특징을 가졌는지에 대해 답변을 정리한 것이다. 공감이 가는지 여러분의 생각과 비교해 보기 바란다.

좋은 상사

상사 특징(Characteristics) ➡	구성원 느낌(Feelings) ➡	구성원 행동(Actions)
진실성 있는 지원을 아끼지 않는 신뢰를 주는 들어주는 신경 써주는 개발시켜주는 열린 마음의 진심 어린	에너지가 넘치는 자신감이 드는 권한이 느껴지는 행복한 고마운 마음이 드는 믿을 수 있는 존중 받는 느낌 도전하고 싶어 지는 책임지고 싶은	일에 열중하게 되는 생산성을 높이는 일찍 출근하는 늦은 시간까지도 노력하는 무엇인가 개선점을 찾는 자원하여 참여하는 긍정적으로 말하는 더 잘하려고 노력하는

좋은 상사의 특징에서 시작되는 구성원의 느낌과 행동을 모든 구성원이 보인다면 당연히 그 조직의 성과는 우월하게 나올 것이다. 좋은 상사의 리더십하에서 보여주는 팀원들의 행동을 높은 성과(High Performance) 행동이라고 할 수 있다. 그리고 그 행동을 유도하는 구성원의 느낌 상태를 높은 신뢰(High Trust)의 상황이라고 표현할 수 있다.

높은 신뢰를 만드는 것은 결국 상사의 행동과 언어에 있음을 우리는 이 활동을 통해서 확인할 수 있다. 이렇게 상사의 특징을 보여주는 행동과 언어를 우리는 리더십 행동이라고 부른다.

좋은 상사 = Leadership

Leadership Behavior	High Trust	High Performance
진실성 있는 지원을 아끼지 않는 신뢰를 주는 들어주는 신경 써주는 개발시켜 주는 열린 마음의 진심 어린	에너지가 넘치는 자신감이 드는 권한이 느껴지는 행복한 고마운 마음이 드는 믿을 수 있는 존중받는 느낌 도전하고 싶어지는 책임지고 싶은	일에 열중하게 되는 생산성을 높이는 일찍 출근하는 늦은 시간까지도 노력하는 무엇인가 개선점을 찾는 자원하여 참여하는 긍정적으로 말하는 더 잘하려고 노력하는 기대에 부응하는

CHAPTER 04

앞의 조사결과를 통해서 얻을 수 있는 결론은,

- 조직이 높은 성과(High Performance)를 얻는 밑바탕에는 높은 신뢰(High Trust)
  의 문화가 있다.
- 조직의 신뢰도는 리더가 어떻게 행동(말과 행위)하는가에 따라 영향을 받는다.

리더와 구성원의 행동에는 오랜 시간 동안 형성되어 온 가치관이 영향을 미친다. 그렇기 때문에, 많은 기업에서는 조직의 핵심가치를 공식적으로 정립하여 구성원이 어떻게 행동해야 하는지를 이해할 수 있도록 한다. 리더와 구성원의 행동에는 가치관 외에도 가족, 사회, 인생 경험, 사고방식, 성격 등이 모두 영향을 준다. 그리고 때로는 감정이 가치관이나 의도를 제치고 우리 행동을 좌지우지하기도 한다. 이렇게 행동에 미치는 요소들을 도식화로 정리하면 다음과 같다.

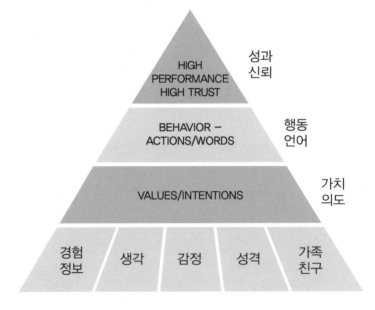

이 도표를 통해서 리더의 행동에 영향을 미치는 요소들을 정리한다면, 조직의 높은 성과와 신뢰는 리더의 좋은 가치와 의도를 잘 보여주는 리더의 행동과 언어에 의해 나타난다는 것이다. 더 중요한 것은 리더가 좋은 의도와 가치를 가지고 있더라도 그와 일치하지 않는 언어나 행동을 나타내면 절대로 조직 구성원의 신뢰와 성과는 이루어지지 않는다.

리더십 행동의 중요성을 이해하기 위해서 가장 중요하게 기억할 것은 조직의 리더로서 효과적인 리더십을 발휘하기 위해서는 리더가 가지고 있는 의도와 가치를 명확히 하고 이에 일치하도록 자신의 행동과 언어를 보여주어야 한다는 것이다. 앞서 설문 조사 결과에서 나쁜 상사들의 부정적인 행동은 어쩌면 원래 가지고 있는 의도와 가치관을 제대로 표현하는 행동과 언어를 갖지 못한 데서 기인할 수도 있는 것이다.

그러면, 두 가지 질문을 가지고 다음 내용을 차례대로 학습해 나가보도록 하겠다.

- 나는 글로벌 리더로서 어떤 의도와 가치를 가지고 현지 조직을 이끌어가고 있는가?
- 어떻게 하면 나의 의도와 가치에 일치하는 행동과 언어를 항상 할 수 있을까?

02 >> 리더십 스타일 비교

사람들에게 높은 영향력을 끼친다고 평가되는 리더십도 다양한 형태와 특징을 갖고 있다. 우선 대표적인 리더십 스타일과 수퍼 리더십을 비교하여 특징을 살펴보겠다.

- **강력한 리더(The Strongman)**
  - 자신의 지위와 권위를 사용하며 주로 두려움에 의해 다른 사람들에게 영향을 미침.
  - 가장 일반적인 행동은 지시, 명령, 목표 할당, 위협 및 질책을 사용함.

- 거래적 리더(The Transactor)
  - 팔로워들의 추종에 대한 대가로 보상을 지급함으로써 영향력을 행사함.
  - 리더에 대한 노력, 성과 및 충성도에 대한 대가로 개인적 및 물질적 보상이 제공됨.

- 비전 리더(The Visionary Hero)
  - 동기를 부여하고 몰입도가 높은 미래의 비전을 만들고 다른 사람들이 그것을 추구하도록 격려하는 능력을 가지고 있음. 주로 하향식으로 영향을 미침.
  - 리더는 비전, 권고, 영감, 설득, 현상에 대한 도전을 공식화하고 커뮤니케이션 하는 것과 같은 행동을 사용함.

- 수퍼 리더(The Super Leader)
  - 수퍼 리더는 다른 사람의 힘을 통해 자신의 힘을 배가시키는 리더이다. 수퍼 리더는 직원들이 셀프 리더가 되도록 시스템을 설계하고 구현하여 다른 사 람들이 스스로를 이끌도록 이끄는 사람을 말한다.

앞에서 비교 설명한 강력한 리더, 거래적 리더, 비전 리더는 팔로워에게 대 단한 영향력을 끼친다는 점에서 수퍼 리더십과 유사하지만, 만일에 그러한 리 더의 유고 시에 팔로워들이 독자적인 판단과 행동을 하지 못하는 혼돈의 상태로 돌아갈 가능성이 높다는 단점을 갖고 있다.

반면에 수퍼 리더는 팔로워들이 스스로를 이끌도록 하며 리더십의 초점을 팔로워의 역량 성장에 둔다. 이렇게 수퍼 리더는 팔로워들의 능력을 발휘하도록 도우면서 많은 사람들의 힘과 지혜를 종합적으로 활용할 수 있는 수퍼 파워를 갖게 되는 것이다.

현재의 조직 구성원은 충분히 성인으로서 높은 자질과 잠재역량을 소유하고 있기에 리더가 혼자 힘으로 성과 기여도를 높이기보다는 각 구성원이 스스로를 리드하여 셀프 리더십을 발휘할 수 있게 하는 수퍼 리더십이 가장 바람직한 리 더십이라고 할 수 있다.

수퍼 리더십(Super Leadership)은 수평적 조직 구조와 팀원에게 권한 부여 (Delegation)로 특징 되는 다양성과 개인주의적 경영 환경에 적합한 리더십이라고 하겠다. 또한, 수퍼 리더십은 리더와 구성원 모두 자신의 의도와 가치에 행동을 일치시키도록 하는 강력한 스킬이 될 것이다.

특별히 글로벌 리더들에게 이러한 수퍼 리더십이 매우 중요한 이유는 다음과 같다.

- 새롭게 기반을 갖추어 나가야 되는 해외 조직들은 대부분 현지 스태프들의 업무 역량과 경험이 낮아서 글로벌 리더들이 훈련과 교육을 담당해야 한다.
- 소수의 글로벌 리더들이 모든 업무를 리드할 수 없기 때문에 현지 리더들을 양성해야 한다.
- 사회 문화적 환경이 다르기 때문에 글로벌 리더보다는 현지의 지역 인재가 해당 지역문화에 적합하게 스스로 성과를 만들어가도록 해야 한다.
- 해외 조직이 독자 생존할 수 있는 수준으로 경영을 현지화 하기 위해서는 현지인 리더가 필요하다.
- 자발적 의욕적으로 집중하여(VWBE) 일할 수 있는 조직 문화를 만들어야 한다.

03 　》 수퍼 리더십 모델 BEP

리더가 수퍼 리더십을 갖기 위해서는 먼저 리더 스스로 셀프 리더가 되어야 하고(Become Self-leader), 리더의 셀프 리더십이 행동으로 나타나기 위해서는 리더의 감정 지능(Emotional Intelligence)이 기본 바탕이 되어야 한다. 그리고, 구성원을 셀프 리더로 육성하여야 한다(Promote Self-leader). 이러한 3가지의 기본 요소의 첫 글자를 따서 BEP 모델이라고 부른다.

이러한 수퍼 리더십이 효과적으로 발휘되는 구조를 아래와 같이 모델화하여 그 구성 요소를 한 가지씩 소개하려고 한다.

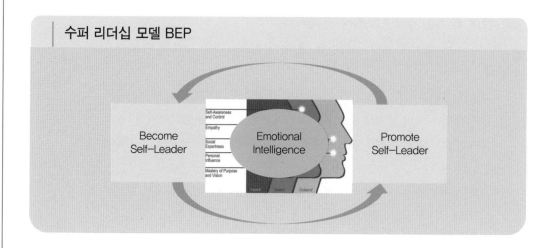

수퍼 리더십 모델 BEP

04 >> 감정 지능(Emotional Intelligence)

　수퍼 리더십의 기초라고 할 수 있는 감정 지능에 대해 먼저 설명하려고 한다. 앞서 리더십 행동을 설명하면서 나온 도식을 기억할 것이다. 리더의 의도와 가치에 부합하는 행동과 언어가 구성원의 신뢰를 높이고 구성원 스스로 높은 성과를 창출할 수 있다는 의미라고 하였다.

　또한, 리더의 행동과 언어가 가치 및 의도와 일치하도록 하는 것은 도표 맨 아래의 다양한 요인들이 영향을 준다고 하였다. 그중에서도 특별히 감정(Emotion)의 영향력이 크다고 할 수 있다. 우리는 화가 나거나 감정이 격해진 상황이 되면 이성을 압도하게 되고 자신이 가지고 있던 의도와 다른 행동과 언어를 보이게 된다. 이런 상황을 감정 하이제킹(Emotional Hijacking)이라고 부른다. 앞에서 본 것처럼 나쁜 상사는 자신의 가치와 좋은 의도를 가지고 있더라도 반복적으로 감정 하이제킹(Emotional Hijacking) 상황에 빠지게 되면 구성원의 느낌과 행동에 악영향을 미쳐 나쁜 성과를 만들게 되는 것이다.

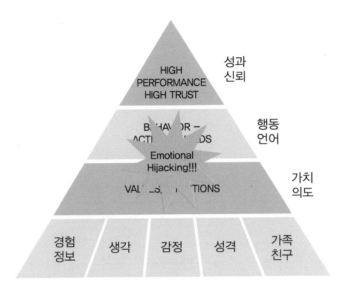

감정 지능(Emotional Intelligence)은 리더십 행동이 본인의 의도와 일치되도록 리더십 행동에 영향을 주는 감정을 관리하는 역량이라고 할 수 있다. 또 다른 표현으로 한다면 감정 지능은 자신이 진정으로 의도하는 바에 따라 행동하기 위해 자기 자신과 인간관계를 관리하는 능력이라고 할 수 있다. 그러므로, 리더를 키우는 수퍼 리더십 관점에서 보면 팔로워의 감정 상태가 어떤지를 파악하고 여기에 적절한 대응 방안을 찾는 것이 매우 기본적이며 중요한 과정이라고 할 수가 있다.

감정 지능을 다른 말로 하면 EQ라고도 한다. 우리의 논리 및 이성적 수준을 말하는 IQ와 함께 중요한 능력이라고 할 수 있다. 여기 EQ의 중요성에 대해 확인할 수 있는 연구 자료가 있다. 모든 종류의 업무에서 EQ가 차지하는 중요성이 IQ에 비해 두배 이상 높게 영향을 주며, 특히 리더십과 관련된 업무분야에서는 다섯 배가 넘게 큰 영향을 준다는 내용의 연구 결과이다.

이런 연구가 의미하는 바는, IQ가 EQ 역량과 조화를 이루어야 비즈니스에서 한 차원 높은 역량에 도달할 수 있게 된다는 것이다. 또한 EQ기 IQ와 핵심적으로 다른 점은 노력에 따라 시간이 지날수록 EQ는 역량은 더 향상될 수 있다는 점이다.

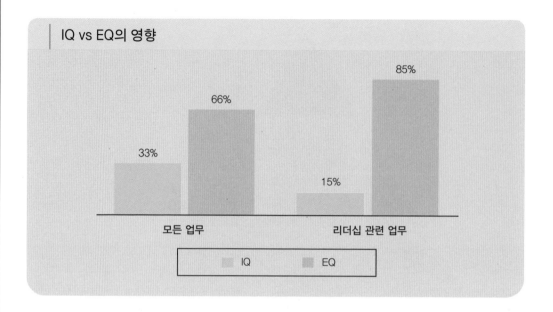

감정 지능(Emotional Intelligence) 모델

감성 지능은 서로 긴밀하게 관련된 5가지 핵심 요소로 구성되어 있다.

- 자기 인식과 통제력(Self–Awareness and Control): 자신을 온전히 이해하고 그 정보를 사용하여 자기의 감정을 생산적으로 관리하는 능력.
- 공감(Empathy): 다른 사람들의 관점을 이해하는 능력.
- 사회성(Social Expertise): 타인과 진실된 관계 및 유대를 맺고 건전한 방식으로 배려와 관심, 갈등을 표현하는 능력.
- 개인적 영향력(Personal Influence): 자신과 타인을 긍정적으로 이끌고 고무시키는 능력.
- 목적과 비전(Mastery of Purpose and Vision): 삶의 진정성을 추구하며, 자신의 가치관과 의도를 이해하고 그에 따라 살아가는 능력.

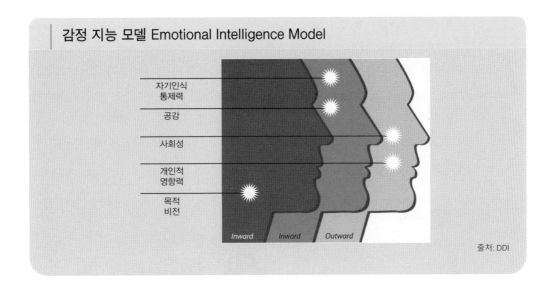

감정 지능 모델 Emotional Intelligence Model

자기인식 통제력
공감
사회성
개인적 영향력
목적 비전

Inward   Inward   Outward

출처: DDI

CHAPTER 04

◉ 내면의 표현 요소

감정 지능의 구성 요소 5가지 중에 내면의 표현에 해당하는 두 가지 요소가 있다. 자기 인식과 통제력(Self-Awareness and Control) 그리고 공감(Empathy)이다. 감성 지능을 갖추려면, 자신이 미치는 영향력을 인식하고, 자기 행동을 조절하여 영향력을 관리해야 한다. 이것이 자기 인식과 통제력이다. 우리의 말과 행동이 타인에게 어떤 영향을 미치는지 이해하기 위해서는 공감 스킬이 필수적이다.

연구에 의하면 공감에는 3가지 종류가 있다.

- 인지적 공감 Cognitive Empathy
- 감정적 공감 Emotional Empathy
- 공감적 배려 Empathetic Concern

인지적 공감은 상대방을 머리로만 읽고 반응을 하는 것이다. 예를 들면 선생님이 점수로만 학생을 평가하는 것이다. 싸이코패스도 인지적 공감을 통해 범죄 대상을 찾는다고 한다. 여기에 반해 감정적 공감은 상대방의 감정을 나도 같이 느낄 수 있는 것이다. 나이가 들면 드라마를 보면서 저절로 울게 된다. 경험이 많아 감정적 공감 지수가 높아진 거라 하겠다. 그런데, 이것도 감정을 같이 느끼는 걸로 끝나면 악어의 눈물로 끝날 수 있다.

공감의 제일 높은 수준인 공감적 배려(Empathetic Concern)는 쉽게 말해 마음으로 공감하고 물심양면으로 도와주는 것이다. 진정한 의미의 공감대 형성이라고 할 수가 있다.

EQ에 있어서 자기 인식과 통제력 이 두 가지가 매우 중요한 이유는 무엇일까? 앞의 피라미드 도표에서 본 것처럼 의도와 행동의 연계에 가장 많은 영향을 주는 것이 감정 요인이라는 것을 다시 한번 생각해 보면 된다. 우리가 리더로서 자신에 대한 인식과 감정의 관리가 조직의 성과를 좌우할 수 있다고 하였다. 또한 조직 구성원의 감정을 이해하는 것 또한 구성원의 의도와 가치를 행동과 언어에 연계시킬 수 있는 중요한 역량이기도 하다.

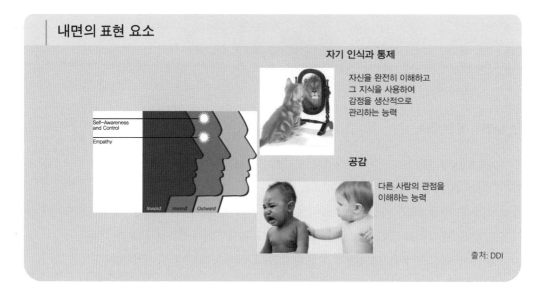

내면의 표현 요소

자기 인식과 통제

자신을 완전히 이해하고 그 지식을 사용하여 감정을 생산적으로 관리하는 능력

공감

다른 사람의 관점을 이해하는 능력

출처: DDI

● 외향적 표현 요소

EQ의 구성 요소 중 외향적 표현에 해당하는 영역은 다른 사람들과의 관계 형성 역량에 해당하는 요소이다. 그것은 사회성(Social expertness)과 개인적 영향력(Personal influence), 두 가지 요소이다. 탁월한 사회성과 개인적 영향력은 우리와 타인 사이의 상호작용을 나타낸다. 리더는 예산을 관리하는 것만큼 조직의 분위기를 관리하는 것에 대해 막중한 책임이 있다. 리더의 사회성과 영향력 스킬은 전체 조직의 분위기를 좌우하는 열쇠이다. 이 두 가지는 수퍼 리더십 역량에 있어 또한 매우 중요하다.

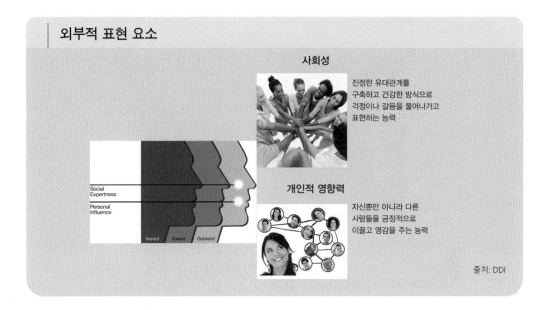

목적과 비전

　EQ의 요소 중 사람의 내면에 자리잡고 있는 힘을 가장 강력히 발휘하게 하는 요소가 바로 목적과 비전이다. 이를 명확히 가지고 모든 상황에서 이를 활용할 수 있는 능력을 갖고 있다면 목적과 비전의 대가(Master)라고 부를 수 있겠다. 팔로워의 내적 역량을 끌어낼 수 있는 동기를 부여해준다는 면에서 목적과 비전은 리더에게 매우 가치 있는 감정 지능이라고 할 수 있겠다.

　리더는 내면의 표현 요소와 외향적 표현 요소를 갖추었을 때 좋은 상사가 될 수 있다. 다섯 번째 목적과 비전을 통해 리더는 자신이 무엇을 추구하고 어디에 열정을 갖고 있는지 파악하게 된다. 목적과 비전이 올바로 정렬될 때, 평범한 리더는 위대한 리더로 도약하게 된다.

목적과 비전

자신의 삶에 진정성을
바탕으로 자신의 가치와
의도를 알고 목적에
부합하도록 살 수 있는 능력

출처: DDI

EQ(Emotional Intelligence) 진단

EQ는 IQ에 비해 개선과 개발 가능성이 아주 높다. 자신에 대한 정확한 진단을 통해 강점을 충분히 활용하고 부족한 요인에 대해서는 충분히 보완해 나갈 수 있다.

EQ의 5가지 요소를 세분화하면 아래 도표와 같이 10가지 항목으로 구성될 수 있다. 10가지로 나누어 보는 것은 감정 지능 진단을 통해 강점의 활용과 개선점을 파악하는 데 구체적이고 보다 효과적이기 때문이다.

감성 지능 진단 요소

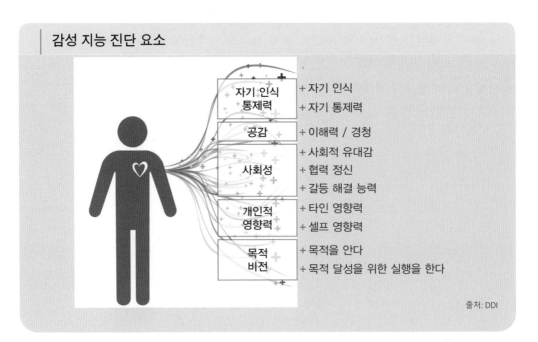

출처: DDI

다음의 사례에 EQ 모델의 10가지 진단 항목을 적용하여 이해관계자의 감정 상태를 진단을 하여 문제의 원인과 해결방안을 찾아보자.

Fuyao 사례

Fuyao의 미국 현지 공장 구성원들은 아직 현장 업무 숙련도가 낮고 외국인과 일한 경험이 없다. 주재원도 현장업무 경력이 많지만 누구를 가르쳐 본 적이 없다. 현지어가 익숙하지 않은 주재원들은 현지 스태프들과 소통에 제한이 있지만 현지 구성원들과 친하게 지내기 위해 다각도로 노력을 하고 있어 친밀한 관계가 일부 형성되어 있다. 그러나 단기 성과에 쫓기는 상황에서 주재원의 일방적인 지시와 독단적인 행동으로 인해 주재원과 현지 구성원 간에 갈등의 골은 깊어져만 가는 상황이다.

Fuyao의 이러한 갈등 상황을 아래 양식과 같이 10가지 EQ 모델 항목에 비추어 감정 상태에 해당이 되는 항목에 체크를 한 뒤에, 종합적으로 원인 및 해결방안을 기술을 하면 다음과 같다.

| Fuyao 사례 EQ 진단

감정 지능의 10가지 요소를 분석하고 원인 및 해결방법을 찾습니다

자기 인식	자기 통제력	이해력 경청	사회적 유대감	협력정신	갈등 해결 능력	타인 영향력	셀프 영향력	목적을 안다	목적 실행력
☐ 강점	☐ 강점	☐ 강점	☑ 강점	☐ 강점	☑ 강점	☑ 강점	☐ 강점	☐ 강점	☐ 강점
☑ 약점	☑ 약점	☐ 약점	☐ 약점	☐ 약점	☑ 약점	☐ 약점	☐ 약점	☐ 약점	☐ 약점

원인 및 해결 방법

- 주재원 자신의 감정과 행동을 이해하지 못하고 통제되지 않고 있음.
- 갈등 해결을 위한 절차와 방안 부족
- ▶ 상대방의 감정과 니즈를 듣고 반응해주어야 함.
- ▶ 의도와 가치를 이해시키고 긍정적 영향을 미치도록 행동과 언어를 개선해야 함.

Fuyao 사례의 경우 Fuyao 주재원은 EQ에서 자기 인식(Self-awareness)과 자기 통제(Self-control), 갈등해결(Conflict resolution) 항목의 점수가 낮다고 판단할 수 있다. 이 항목의 낮은 수준이 문제의 원인으로 볼 수 있다. 그리고 사회적 유대감(Social bonds) 항목과 외부 영향력(Influencing others) 항목에 강점이 있다면 이 역량을 활용하여 구성원과의 관계를 회복하고 긍정적 영향을 미쳐야 할 것으로 보인다. 이런 방식으로 우리는 원인을 파악하고 해결방법을 찾을 수 있다.

이번에는 실제로 글로벌 리더들이 겪었던 아래의 사례를 읽고서 EQ의 10가지 항목을 적용하여 담당자의 감정 상태를 진단하고 개선사항이 무엇인지 분석해 보도록 한다. 자세한 배경은 생략하였지만 주어진 상황으로부터 감정 상태를 추정하여 원인과 해결방법을 제시해 보기 바란다. 아래 양식을 활용하여 기록을 한다.

사례 1) 친해진 현지 구성원 에게 돈을 빌려주었는데 갚지 않음. 동료 간 금전 거래가 문제가 됨

사례 2) 주재원이 현지 구성원에게 사적인 일을 요청하여 부당 지시 문제 생김

사례 3) 리스럭처링으로 해고 통고하는 날 해당 구성원이 극단적 반발함

실제 사례 EQ 진단

감정 지능의 10가지 요소를 분석하고 원인 및 해결방법을 찾습니다

자기 인식	자기 통제력	이해력 경청	사회적 유대감	협력정신	갈등 해결 능력	타인 영향력	셀프 영향력	목적을 안다	목적 실행력
☐ 강점 ☐ 약점	☐ 강점 ☐ 약점	☐ 강점 ☐ 약점	☐ 강점 ☐ 약점	☐ 강점 ☐ 약점	☐ 강점 ☐ 약점	☐ 강점 ☐ 약점	☐ 강점 ☐ 약점	☐ 강점 ☐ 약점	☐ 강점 ☐ 약점

원인 및 해결 방법

05 >> 셀프 리더십(Self-Leadership)

앞 장에서는 수퍼 리더십 모델의 기초인 감정 지능(Emotional Intelligence) 모델과 이를 활용하여 감정 상태를 진단하고 해결점을 찾은 방법도 이해하였을 것이다. 이번에는 수퍼 리더십 모델의 핵심 요소인 셀프 리더십을 살펴보자.

주변의 리더들을 만나보면 이렇게 말하며 한숨 쉬는 리더들을 종종 보게 된다.

"이제 나는 내가 뭘 원하는지 모르겠어. 열정이 이젠 다 식어버린 것 같아."

이렇게 지쳐있는 리더들에게는 셀프 리더십을 다시 한번 점검해보라고 조언을 하고 싶다.

셀프 리더십은 말 그대로 "나 자신을 내가 주도적으로 리드"하는 것이다. 그런데, 모두 경험하듯이 다른 사람을 리드하는 것보다 자기 자신을 리드하는 것이 오히려 더 힘든 일 같다. 그래서 인재 경영자로 알려진 스티브잡스는 셀프 리더십을 이렇게 강조했다. "위대한 리더들은 스스로 자기 관리를 잘하기 때문에 다른 사람으로부터 관리를 받을 필요가 없다."

셀프 리더십 분야의 베스트셀러 작가로 세계적 명성을 떨치고 있는 Andrew Bryant는 셀프 리더십을 또 이렇게 정의하고 있다. "셀프 리더십은 자기의 목표를 향한 자기의 생각, 감정 및 행동에 의도적으로 영향을 미치는 행동방식이다." 또한, 리더십 구루인 Daniel Goleman은 "위대한 리더는 월등한 셀프 리더십으로 일반 리더들과 구별 짓는다."고 하였다.

셀프 리더십에 대하여 이렇게 다양한 정의와 찬사가 있지만, 수퍼 리더십 관점에서 셀프 리더십을 정의해 보자. 셀프 리더십은 리더가 자신의 가치 및 의도와 리더로서 행동을 일치하게 하고, 좋은 상사로서 특징을 갖게 하며, 조직의 신뢰 분위기를 만들어 높은 성과를 창조하게 하는 원동력이라고 할 수 있다. 그러므로 리더는 EQ의 개선과 함께 셀프 리더십의 역량을 갖추어야 한다.

수퍼 리더가 되려면 리더 스스로가 셀프 리더십을 갖추어야 할 뿐 아니라, 또한 팔로우를 셀프 리더로 육성할 수 있어야 한다. 그러기 위해서는 셀프 리더십 모델을 이해하고 이를 실행에 옮길 수 있는 기법들에 대해서도 익숙해져야 한다.

◉ 셀프 리더십 모델

셀프 리더십을 제대로 발휘하기 위해서는 두 가지의 중요한 역량을 익혀야 한다. 바로 자기 인식(Self-Awareness)과 자기 관리(Self-Management)이다. 자기 인식은 자기만의 가치와 관점, 자신의 강점과 약점 그리고 자신의 감정 기복까지도 이해하는 능력을 의미한다. 자기 관리는 자신의 열정, 역량, 감정을 잘 양성하고 또 잘 표현할 수 있는 능력이다.

셀프 리더십이란 자기 인식을 통해서 자신의 가치와 목적을 찾아내고, 자기 관리를 통해서 열정으로 이를 실천에 옮기는 것이다. 이 두 가지 요소의 구체적 의미와 실천 방법을 차례대로 설명하겠다.

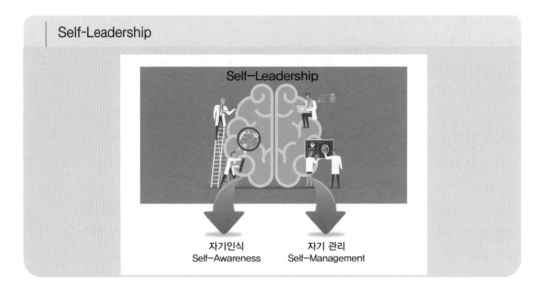

◉ 자기 인식(Self-Awareness)

자기 인식은 기본적으로 자신은 어떤 사람인가를 이해하는 것이다. 자기 인식은 EQ의 첫 번째 항목으로 소개한 것을 기억할 것이다. 자기 인식은 EQ의 시작과 끝이라고 할 수가 있다. 가치, 열정, 재능, 성격을 정확히 인식하게 되면 자신의 목적과 비전을 명확하게 하여 모든 도전과 어려움을 이겨낼 수 있는 수퍼 리더십으로 이어지게 될 것이기 때문이다.

자기 인식은 자신에 대한 끊임없는 질문을 통해 스스로 정답을 찾아가는 과정이다. 이를 위해 스스로 다음과 같은 질문을 던져 보자.

- 내가 잘하는 것은 무엇인가?
- 무엇이 나를 지치게 하는가?
- 내 인생에서 가장 중요한 것은 무엇입니까?
- 나는 누구를 사랑합니까?
- 무엇이 나를 힘들게 하는가?
- 내가 정의하는 성공은?
- 나는 어떤 유형의 사람인가?
- 다른 사람들이 나를 어떻게 보길 바라는가?
- 나는 어떤 유형의 사람이 되고 싶은가?
- 나는 삶에서 어떤 것들을 가치 있게 여기는가?

이러한 질문들을 통해서 자신에 대해서 기본적으로 다음 4가지를 명확히 이해할 수 있어야 한다.

- 나는 어떤 가치를 중요시 여기는가?
- 나는 무엇에 열정이 있는가?
- 나는 어떤 재능이 있는가?
- 나의 성격의 강약점은 무엇인가?

이렇게 자신의 특징을 이해하였다고 하면, 이를 기반으로 하여 자신만의 미션 선언서(Mission Statement)를 작성해 보자. 이러한 단계를 거쳐 자신을 이해하는 과정을 모두 마쳤다면 비로서 자기 인식을 하였다고 할 수가 있겠다.

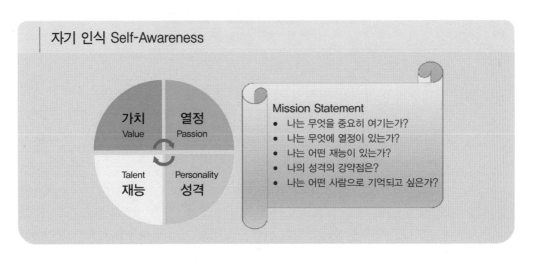

◉ 자기 인식 사례

자기 인식이 인생에서 큰 성공요인으로 작용한 발레리나 강수진님의 사례를 소개해 보고자 한다. 발레리나 강수진의 기형이다 싶을 정도로 거친 발 사진은 많은 사람들의 마음을 뭉클하게 하였다. 발이 그렇게 되도록 고통스러운 연습과 힘든 시간을 견뎌내고 자신만의 세계적 명성을 이룰 수 있었던 힘의 원천은 무엇이었을까? 강수진 님의 자전적 에세이에서는 다음과 같은 대목이 있다. "나 자신을 있는 그대로 인정하자. 나 자신을 잘 알기 위해 시간을 투자하자. 스스로에게 당당할 수 있도록 갈고 닦자." 자서전의 글을 통해서 알 수 있는 것은 강수진 님이 발레리나로 성공한 것은 바로 명확한 자기 인식이 있었기 때문이라는 것이다. 자기를 그대로 인정하고 자신만의 비전과 목적을 세울 수 있었던 강수진 님의 스토리는 자기 인식의 좋은 롤 모델이라고 볼 수가 있다.

| 발레리나 강수진의 자기 인식

- 나 자신을 있는 그대로 인정하자
- 나 자신을 잘 알기 위해 시간을 투자하자.
- 스스로에게 당당할 수 있도록 나를 갈고 닦자.

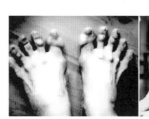

발레리나 강수진의 발

출처: 강수진의 자전적 에세이

우리가 잘 알고 있는 박지성의 발, 테니스 선수 정현의 발에도 강수진 씨와 같은 감동적인 스토리가 담기어 있다. 나는 이들의 공통점이 셀프 리더십이라고 생각한다. 이들이 발레, 축구, 테니스에서 성공하기 전에 이미 자기 인식과 자기 관리에 성공을 했다고 생각을 한다.

자기 인식이 강하면 객관적으로 자신을 평가하고, 감정을 관리하고, 행동을 가치에 맞추고, 다른 사람들이 나를 어떻게 인식하는지 올바르게 이해할 수 있다. 그리고, 자기 인식이 분명한 사람은 자신의 가치와 재능을 정확히 평가하고 자신만의 잘할 수 있는 분야에 열정을 다할 수 있는 사람이다. 따라서, 자기 인식은 목적과 비전을 세우는 데 명확성을 제공하고, 다른 구성원에게 영감과 영향력을 줄 수 있어 수퍼 리더십으로 이어지는 지름길이다.

　다음 주제로 넘어가기 전에 독자 스스로 위에 소개하였던 질문들을 자신에게 던져서 자기 인식을 경험하는 시간을 가져 보기 바란다. 아래 양식에 따라 자신의 가치, 열정, 재능, 성격을 적어보고, 또한 미션 선언문도 작성하여 보자.

미션 선언문

자기 인식 Self - Awareness	가치 (Value)	나는 무엇을 중요하게 여기는가 ?
	열정 (Passion)	나는 무엇에 열정이 있는가 ?
	재능 (Talent)	나는 어떤 재능이 있는가 ?
	성격 (Personality)	나의 성격의 강약점은 무엇인가 ?
미션 선언문	나는 어떤 사람으로 기억되고 싶은가 ?	

● 자기 관리(Self-Management)

　셀프 리더십의 두 번째 요소인 자기 관리에 대해 설명을 하겠다. "자기 통제" 또는 "자기 조절"이라고도 하는 자기 관리는 다양한 상황에서 자신의 감정, 생각 및 행동을 효과적으로 조절하는 능력이다. 이 능력에 따라 자신의 행동과 언어가 달라진다. 그래서 자기 관리를 잘하는지 여부에 따라 주변 사람들에게 직접적인 영향을 미친다. 특히 가까운 사람들에게 미치는 영향력이 매우 크다. EQ에서 개인적 영향력에 해당하는 요소라고 할 수 있다.

자기 관리를 완성하려면 다음과 같은 네 가지 요소 측면에서 자신의 모습을 점검하고 필요한 변화가 무엇인지를 발견해야 한다.

- 생각의 요소는 부정적 생각을 피하고 긍정적 마인드를 계속해서 유지하며, 생각의 양과 깊이를 개선하는 것이다.
- 행동의 요소는 나의 행동들에 숨겨진 동기가 무엇인지를 이해하고, 바꾸고 싶은 습관들이 있다면 행동의 원칙을 제대로 세우는 것이다.
- 감정의 요소는 의도치 않은 감정의 소용돌이에 휩싸이지 않도록 자신만의 감정 관리 방법을 갖는 것이다.
- 건강의 요소는 건강에 나쁜 습관들을 고치고 균형된 식사와 운동 등을 통해 최상의 컨디션을 유지하는 것이다.

자기 관리의 네 가지 요소는 결국 우리의 나쁜 습관을 개선하고 스스로 코치가 되어 나를 변화시키는 능력이다.

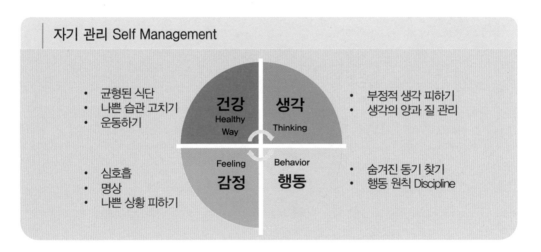

자기를 변화시키기에 가장 적합한 사람은 자기를 가장 잘 아는 사람이어야 한다. 그런데, 자기 자신보다 자기를 더 잘 아는 사람이 어디 있을까? 결국은 자기 관리를 잘 하기 위해서는 자기 스스로에게 셀프 코치(Self-coach)가 되어야 한다. 셀프 코치가 되기 위해서는 마치 3D 도면으로 나를 바라보는 것처럼 나 자신의 행동과 패턴을 정확히 바라보고 변화가 필요한 부분을 찾을 수 있어야 한다.

셀프 코치가 되어 자기 관리를 하는 데에 유용하게 적용할 수 있는 찰스 드위그(Charles Duhigg)의 Cue-Routine-Reward 모델을 소개하겠다. 이 모델은 특별히 바람직하지 않은 습관 또는 고치고 싶은 습관이 있을 때 효과적으로 적용할 수 있는 기법이다. 이 모델이 작동하는 기본 원리는 행동 패턴(Routine)을 일으키는 신호(Cue)와 행동을 통해 얻는 보상(Reward)의 상호 관계를 분석하여 보다 바람직한 새로운 행동 패턴(New Routine)으로 변화시키는 것이다.

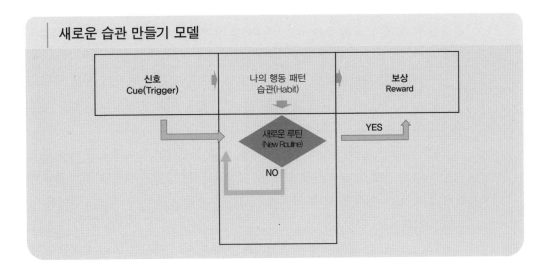

신호(Cue) 찾기

우리가 고쳐야 할 습관적인 행동과 패턴(Routine)은 반드시 어떤 사건이나 상황, 장소, 특정한 유형의 사람, 사물 또는 시간 등에 의해서 나타난다. 이것을 신호(Cue)라고 하는데, 이런 신호가 나의 나쁜 행동습관이나 패턴을 유발하는 방아쇠(Trigger)와 같은 역할을 하는 것이다. 실제로는 그 특정 신호(Cue)를 없애거나 바꿀 수는 없는 경우가 많다. 그런데, 만일 나의 습관을 유발하는 신호가 무엇인지 알 수 있다면 그에 반응하는 나의 행동 패턴(Routine)은 바꿀 수 있다.

그러면, 우리의 나쁜 습관을 유발하는 신호는 어떻게 알 수 있을까? 스스로에게 이런 질문을 통해서 확인해 볼 수 있다.

- "나의 나쁜 습관은 어떤 상황에 처할 때 반복되어 나타나는가?"
- "언제, 어디에서, 누구와 만날 때, 무엇을 할 때, 또는 어떤 감정이 들 때인가?"

보상(Reward) 찾기

모든 사람의 행동은 알고 보면 어떤 형태든 보상(Reward)과 연결되어 있다. 특정 보상을 얻겠다는 의도를 갖고 취하는 행동이 의도와 다르게 바람직하지 않는 패턴으로 전개된다면 그래서 잘못된 행동과 언어가 습관적으로 계속된다면 결국은 의도가 왜곡되며 원하는 보상의 수준도 만족스럽지 못하게 될 것이다.

이런 악순환을 끊어 내기 위해서는 원치 않는 행동 패턴에서 내가 얻고자 하는 보상이 무엇인지를 명확하게 파악해야 한다. 그런 보상은 겉으로 드러나는 것보다 훨씬 내면적인 심리적 보상일 수도 있다. 원하는 보상(Reward)이 무엇인지를 알면, 습관적 행동을 유발하는 어떤 상황이 발생하는 경우(Cue)에 새로운 행동 패턴(New Routine)을 찾아낼 수가 있다.

보상의 예를 들어본다면, 심리적 안정감, 사기, 자신의 가치를 느낌, 타인의 가치를 느낌, 타인과의 유대감, 높은 생산성, 성공 가능성, 목적의 달성, 비전 제시 등이 있다.

원하지 않은 습관이 나타나는 지점을 정확히 인식하고 새로운 루틴을 만들어 의도와 가치에 맞는 보상을 얻을 수 있도록 하는 방법이 자기 관리의 중요한 능력인 것이다. 이렇게 자기 관리는 새로운 루틴을 적용하여 행동과 언어를 의도에 일치시키는 것이다.

새로운 루틴을 통해 의도와 부합되는 보상을 얻는 예시를 아래 사례를 통해 살펴보자.

A사원은 따지기 좋아하는 김과장이 회의를 주재할 때마다(Cue) 회의에서 발언을 하지 않거나 화를 내는 등 비협조적인 행동을 반복한다(Routine). 그런 행동을 통해서 A사원은 자기 자존감이 상하지 않고 회의를 끝낼 수 있음에 안도를 한다(Reward). 그러나, A사원은 자기의 행동 패턴이 바람직하지 않다는 생각이 들어서, 회의하기 전에 미리 충분한 정보를 숙지하고 설명을 적극적으로 하는 등(New Routine) 행동 패턴을 바꾸었다. 그렇게 하니 회의에서도 자존감을 지키면서 좋은 관계로 회의를 끝마칠 수 있었다.

새로운 루틴을 만들기 위해서는 내가 원하는 보상이 무엇인지를 명확히 파악하고 다양한 루틴들을 시도하여 같은 보상을 얻을 수 있는지를 확인하는 과정을 계속 되풀이해 보아야 한다.

그러기 위해서는 스스로 습관 주문을 만들고 항상 기억할 필요가 있다. 특정한 행동을 유발하는 상황에서 새로운 루틴을 적용하여 원하는 보상을 얻는 프로세스를 나를 위한 주문으로 만드는 것이다. 아래 도표에 예시된 것과 같은 습관 주문 만들기를 시도해 보면 도움이 될 것이다.

새로운 루틴 만들기

나는 ____(CUE)____ 경우에

____(Routine)____ 을 한다.

그러면 ____(Reward)____ 을 얻을 수 있다.

자기 관리 적용하기

자기 관리는 건강, 생각, 행동, 감정이라는 4가지 측면에서 나의 상태를 점검하고 무엇을 어떻게 변화시킬지를 정하고 실천하는 것이라고 하였다. 그리고 바람직하지 않은 습관은 같은 보상을 얻을 수 있는 새로운 루틴을 찾아서 변화시키자고 하였다. 아래의 양식을 활용하여 자기 관리를 하는 기본 방향을 기록하기를 바란다.

자기 관리 계획

자기 관리 Self Management	건강 (Healthy Way)	
	생각 (Thinking)	
	행동 (Behavior)	
	감정 (Feeling)	
새로운 루틴	나는_____ 경우에 _____ 을 한다. 그러면 _____ 을 얻을 수 있다.	

셀프 리더십 사례

지금까지 셀프 리더십의 두 가지 핵심인 자기 인식(Self-awareness)과 자기 관리(Self-management)에 대하여 설명을 하였다. 어떤 분들은 이런 질문을 한다. "셀프 리더십만 잘 갖추면 좋은 리더가 되는 겁니까?" 역사상 존경받는 리더라고 하면 세종대왕, 간디, 처칠, 아브라함 링컨, 테레사 수녀 같은 분들이 있다. 이분들을 생각하면 금방 떠오르는 그들만의 가치가 분명하게 있다. 헌신(commitment), 열정(passion), 사랑(love), 유머(good humor), 박애정신(compassion), 애국심(patriotism) 등등이다. 그런 면에서 보면 이분들의 삶은 자기 인식과 자기 관리에 특출한 셀프 리더십의 롤 모델이라 할 수 있다. 그런데, 이분들에게 특별한 것이 더 있다. 바로 다른 사람들에 대한 인식(other-awareness)이 있었다. 다른 사람들의 아픈 점(pain point)을 이해하고 그것을 해결하기 위해 치열하고 열정적인 삶을 산 것이 바로 이분들을 존경받는 리더로 만든 것이다.

아까 질문에 답을 해본다면, 셀프 리더십을 잘 갖추면 더 나은 리더(better leader)가 되는 것은 분명하다. 여기에 다른 사람에 대한 인식(other-awareness)과 다른 사람 관리(other-management) 능력까지 갖추면 반드시 수퍼 리더로 성장할 수가 있다.

수퍼 리더는 자신이 먼저 셀프 리더가 되고, 팔로워들을 셀프 리더로 양성할 수 있어야 한다. 그러기 위해서는 팔로워들에 대한 인식(others-awareness)과 그들을 위한 관리(other-management)가 기본이 되어야 할 것이다. 다음 장에서는 구성원을 셀프 리더로 양성하는 코칭 기법에 대해서 설명을 할 것이다.

다음 주제로 넘어가기 전에 셀프 리더십의 의미를 잘 설명해 줄 수 있는 간단한 사례를 살펴보려고 한다.

출처: Joyce Gilos Torrefranca 페이스북 캡처

한때 인터넷을 달구었던 사진 한 장이다. 9살 소년의 이름은 다니엘 카브레라이다.

소년은 학교가 끝나면 길거리에서 담배와 사탕을 팔아 홀어머니의 수입을 돕고, 밤에는 맥도날드 가게 옆에 의자를 놓고 공부를 한다. 무엇이 이 소년을 어두운 밤 이 자리에 앉게 하였을까? 소년은 어머니에게 한 말에서 힌트를 찾아볼 수가 있다.

"엄마 저는 계속 가난하게 살고 싶지 않아요. 경찰관의 꿈을 꼭 이루고 싶어요."

소년은 자신이 원하는 게 뭔지 분명히 알고 있었다. 그래서 가게에서 흘러나오는 불빛 아래에서라도 공부를 하는 것이다. 이 소년은 9살 어린애이지만 자기 인식과 자기 관리를 확실히 실천하고 있다고 생각을 한다.

사실 이 소년의 얘기는 "개천에서 용 났다"는 말을 들으셨던 우리 부모님들의 얘기이기도 하다. 부모님들이 6.25 전쟁과 가난 속에서도 어떻게 공부를 하였는지 안타깝게도 기록으로 남은 건 별로 없는데, 사진 2장을 찾은 게 있어 공유를 하고 싶다.

피난지의 천막학교에서 공부하고 있는 어린이들   사진 박대헌

　　피난지 천막학교에서 다 떨어진 칠판 앞에 옹기종기 모여 공부하는 장면이다. 두 번째 사진 한가운데 죽 놓여있는 게 무언지 잘 살펴보자. 바로 구두닦이 통이다. 열악한 환경 속에서 그래도 선생님에게 귀 기울이고 있는 학생들을 보면 정말 어른스럽고 진지하다. 이런 걸 보면 나이도 현실의 어떤 상황도 셀프 리더십에 장애 요인이 되지는 못하는 것 같다.

　　6.25 전쟁을 배경으로 한 영화 중에 오래 기억에 남는 영화 '국제 시장'이 있다. 이젠 할아버지가 된 주인공 덕수가 6.25 때 돌아가신 자기 아버지 사진을 보면서 독백하는 대사가 나의 가슴을 뭉클하게 하였다.

　　"아버지, 내 약속 잘 지켰지예, 이만하면 내 잘 살았지예, 근데 내 진짜 힘들었거든예."

　　영화를 보지 못한 분들에게 스포일러가 될까 봐 자세히 설명하지 못하는 게 안타깝지만, 덕수가 가정을 지키겠다고 스스로에게 한 약속, 그리고 악바리같이 가정을 지켜낸 삶의 과정이 저자의 눈에는 훌륭한 셀프 리더십의 모델이라고 느껴진다. 독자 여러분도 기회가 되면 이 영화를 보면서 감동도 갖고 셀프 리더십의 교훈도 얻기 바란다.

　　셀프 리더십을 잘 보여준 영화를 손 꼽으라면 "행복을 찾아서(Pursuit of Happiness)"를 주저 없이 추천하겠다. 실화를 소재로 한 이 영화의 주인공은 생활고에 아내는 떠나고, 아들을 데리고 공중 화장실에서도 자고, 노숙인 숙소를 전전하지만 아들의 행복만은 지켜주려고 애를 쓰는 간절한 아버지의 마음이 가슴 찡하게 전해지는 영화이다.

영화의 대사 속에 함축된 메시지를 찾아보자. 주인공은 아들에게 말한다.

"아들아 너가 행복하면 나도 행복해.""If You are happy, I am happy."

"꿈이 있다면, 반드시 그것을 지켜야해.""You got a dream, you got to protect it."

아들에게 한 말이지만 사실은 자신에게 다짐을 하는 말이기도 하다.

주인공은 일단 목표를 세운 후 화장실 가는 시간이 아까워 물도 먹지 않을 정도로 독하게 노력을 한다. 이토록 독하고 절실하게 노력하는 이유는 아들의 행복을 지키겠다는 자기 인식과 목표가 명확하였기 때문이다. 누구나 꿈을 꾸고, 사람마다 꿈은 다르지만 누가 더 절실하게 자기 인식을 하느냐에 따라 결과는 달라진다.

영화의 주인공인 실제 인물 크리스 가드너는 빈털터리 노숙인에서 증권브로커로 큰 성공과 행복을 찾았다 한다. 그는 이런 말을 남겼다. "포기하고 싶은 순간 바로 다시 시작하라. 인간에게 가장 큰 선물은 자기 자신에게 기회를 주는 것이다." 저자는 셀프 리더십이 바로 우리 자신에게 새롭게 시작할 기회를 준다고 생각을 한다.

06 》 리더를 키우는 리더(Promoting Self-Leader)

수퍼 리더는 조직 구성원이 스스로 셀프 리더가 되어 자신의 역량을 발휘하고 목표를 달성하도록 인도하고 지원하는 리더라고 하였다.

미국에서는 2021년 하반기 동안 25백만 명 이상이 직장을 그만뒀다고 한다. 그만둔 이유를 두고 코로나 펜데믹으로 인한 경제적 쇼크 현상이라는 이유에서부터 MZ세대가 주력이 되어가면서 일에 대한 태도의 변화가 대규모 이직 현상을 초래했다는 의견까지 다양하다. 그런데, 직장을 그만두지 않더라도 직장에서 일의 몰입도가 저하되고 있다는 연구 결과가 있다. 갤럽이 22년 6월 미국 직장인 15천 명을 조사한 결과 자신의 업무 결과에 몰입하고 있다는 응답자가 32%였다. 이것은 이전 조사 결과와 비교 시(20년 36%, 21년 34%) 점점 하락하고 있는 추세를 보여 주고 있다.

직장인들의 이직률이 높아지고 몰입도가 떨어지는 상황에서 리더들은 구성원들에게 어떻게 동기부여를 하여야 성과를 창출할 수 있을까 하는 고민은 매우 심각한 과제일 수밖에 없다. 그런 면에서, 구성원을 셀프 리더로 육성하여 스스로 목표를 세우고 실천에 옮기는 수퍼 리더십은 현재와 같은 경영 환경에서 매우 적합한 모델이라고 할 수 있다.

수퍼 리더의 이미지를 친숙한 영화 속에서 찾는다면 "죽은 시인의 사회" 속에 나오는 키팅 선생님을 들고 싶다. 부모와 학교가 정해준 목표에 묶여서 숨죽여 공부만 하는 명문 고교 학생들. 그들을 향한 키팅 선생님 가르침의 목적은 분명하다. 학생들이 스스로 판단하고 결정하여 자신의 길을 가게 하는 것이다. 그리고, 이런 가르침은 학생들의 마음을 일깨우고 신뢰와 존경의 관계를 맺게 하였다. 영화의 마지막에 학생들이 책상에 올라서서 떠나는 키팅 선생님을 향해 "Captain O Captain"을 외치는 감동적 장면에서는 울컥하지 않을 수가 없다. 나도 저런 팔로워가 있는 리더로 기억되고 싶다는 마음이 절실하게 든다.

리더가 키팅 선생처럼 자기 팀원을 소중하게 생각하고 그들이 셀프 리더로 성장하도록 모든 정성을 다한다면 팀원들의 사랑과 존경을 받는 수퍼 리더가 될 수 있을 것이다.

● GROW Model

그러면 지금부터는 구성원을 셀프 리더로 성장시키기 위한 가장 효과적인 코칭 도구 중 하나인 GROW 모델을 소개하겠다. 이 모델에는 네 가지 요소가 있는데, GROW는 네 가지 요소의 영문 첫 자를 모은 것이다.

- 목표(Goal): 코칭은 구성원이 무엇을 달성하기 원하는지를 명확히 하여야 한다.
- 현실감(Reality): 목표를 달성하는 데 어려움과 장애 요인은 무엇인지를 이해한다.
- 대안(Option): 실행에 옮길 수 있는 선택 대안들을 알아본다.
- 의지(Will): 목표를 위해 언제까지 무엇을 실행에 옮기겠다는 다짐을 한다.

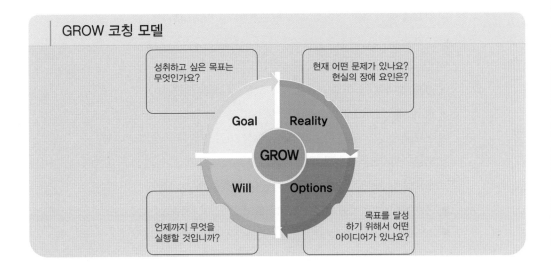

그림: GROW 코칭 모델

GROW 코칭을 진행할 때, 각 단계에서 리더가 어떤 결론을 내리거나 제안을 하는 것보다는 구성원 스스로 깨닫게 하는 것이 중요하다. 셀프 리더가 되게 하기 위해서는 스스로 목표를 명확히 하고 이를 달성하기 위한 아이디어의 창출과 실행에 대한 의지가 리더의 지시나 전달보다는 더 효과적이고 더 큰 책임의식을 갖게 되기 때문이다.

그래서 GROW 코칭은 리더가 각 단계마다 적합한 질문을 준비하는 것이 중요하다. 다음은 구성원이 스스로 생각을 할 수 있도록 유도하기에 적합한 질문들을 모은 것이다. 자연스럽게 질문할 수 있을 정도로 내 것으로 만든다면 코칭을 할 때 매우 유용할 것이다.

목표(Goal) 설정에 관한 질문

- 현재 당신에게 중요한 것은 무엇입니까?
- 당신의 이상적인 미래는 어떤 모습인가요?
- 5년 후에 무엇을 할 건가요?
- 어떤 새로운 기술을 배우거나 개발하고 싶습니까?
- 당신의 삶이 균형을 잃은 곳은 어디입니까?
- 현재 어떤 도전에 직면해 있습니까?
- 이 시간을 잘 보냈다고 느끼는 이유는 무엇입니까?
- 현재 무엇을 위해 노력하고 있습니까?
- 목표를 긍정적인 언어로 어떻게 표현할 수 있습니까?

현실(Reality)을 직시할 수 있는 질문

- 현재 뜻대로 잘 이루어지지 않는 것은 무엇입니까?
- 현재 필요한 것은 무엇입니까?
- 목표를 달성하지 못한 것에 대해 항상 어떤 변명을 사용했습니까?
- 지금까지 개선을 위해 무엇을 했는가?
- 목표를 달성하면 인생의 어떤 부분이 영향을 받습니까?
- 현재 직면하고 있는 가장 큰 장애물은 무엇입니까?
- 스스로 자신을 방해하는 것은 무엇입니까?
- 당신의 내면의 비평가는 당신에게 무엇을 말하고 있습니까?
- 어떤 두려움이 존재합니까?
- 당신은 무엇에 열정적입니까?

대안(Options)을 찾는 질문들

- 당신이 첫 번째로 고려하는 실행 대안은 무엇입니까?
- 더 자신감이 생긴다면 무엇을 하시겠습니까?
- 성공이 보장된다면 어떻게 하시겠습니까?
- 돈이 장애 요인이 아니라면 어떻게 하시겠습니까?
- 이 순간 당신의 시간을 가장 잘 활용하는 행동 단계는 무엇입니까?
- 다른 사람이 당신과 같은 장애 요인을 가지고 있다면 당신은 그들에게 무엇을 말하겠습니까?

- 앞으로 나아가기 위해 어떤 강점을 사용할 수 있습니까?
- 이번 주에 단 한 가지만 할 수 있다면 무엇을 하시겠습니까?
- 아무도 협조하지 않는다면 어떻게 하시겠습니까?
- 지금 이 순간 당신의 시간을 가장 효율적으로 사용하는 것은 무엇입니까?

실행 의지(Will)를 다지는 질문
- 1에서 10까지의 척도에서 목표를 달성하기 위해 얼마나 동기부여가 되고 있습니까?
- 그 동기를 10에 가깝게 하려면 무엇이 필요할까요?
- 실행을 하는 데 방해 요소를 모두 생각하고 있습니까?
- 이 목표를 달성하기 위해 얼마나 노력하고 있습니까?
- 이 목표에 대해 어떻게 책임을 지고 싶습니까?
- 목표를 달성하면 어떻게 축하할 것입니까?
- 앞으로 24시간 동안 무엇을 할 건가요?
- 목표를 달성하면 무엇을 할 것인가?
- 그 목표를 향한 과정에 누구를 포함시켜야 합니까?
- 시작하기 전에 고려해야 할 다른 사항은 무엇입니까?

GROW 모델 적용 사례

다음과 같은 상황을 가정하여 GROW 코칭 모델을 적용하여 보자. 아래 표에서 보이는 것처럼 4가지 간단한 양식을 사용하여 GROW 단계를 적용하면 된다.
- 먼저 어떤 상황에서 코칭을 하게 되는지를 적는다.
- 코칭을 시작하기 전에 각 단계에서 질문할 내용을 미리 정리한다.
- 코칭을 진행하면서 코칭 대상자의 의견 또는 제안 사항들을 양식에 적는다.
- 의지(Will) 단계에서는 각 단계에서 적은 내용을 공유하고 합의와 다짐을 한다.

아래의 사례는 팀원이 공정 개선 방안 보고를 지연하고 있는 상황에서, 팀장이 팀원을 코치하기 위해 준비한 질문들이다.

상황	부품 조립 방식에 대한 공정의 개선 방안을 보고하기로 한 시일이 5일이 지나고 있는데 아직 고민중인 팀원의 코칭
GROW	Coaching Question
Goal	"이번 공정개선 방안 기획에서 가장 중요하게 생각하는 결과물은 무엇인가요?" "이번 개선을 통해 우리 회사의 성과에 어떤 영향을 주고 싶은 가요?" "공정을 개선하고자 하는 근본 목적은 무엇이었나요?"
Reality	"현재까지 개선방안에 관해 가장 흥미로운 아이디어는 무엇인가요?" "보고시기가 지체되게 되는 가장 큰 원인은 무엇인가요?" "개선을 위해 가장 극복하기 어려운 장애 요인은 어떤 점인가요?" "업무 외적으로 이에 방해되는 다른 이유가 있나요?"
Options	"오늘 당장 결론을 낸다면 어떤 아이디어를 선택하는 것이 좋을까요?" "장애 요인을 해결하기 위해 가장 필요한 조치사항은 무엇입니까?" "정해진 시간까지 목표를 이룰 수 있도록 개선하려면 첫번째 할 일은 무엇입니까?" "어떤 사람의 협력을 받을 계획입니까? "
Will	"이 개선 방안 기획에 스스로 얼마만큼의 열정을 가지고 있나요?" "이 일을 정해진 기간에 완수하려면 제가 무엇을 도와 드리면 좋을까요?" "개선방안이 효과적으로 성과를 낸다면 얻고 싶은 커리어는 무엇입니까?"

07 수퍼 리더십 모델 적용 실습

지금까지 리더를 키우는 수퍼 리더십에 대해서 다음과 같은 주제들을 설명하였다.

- 리더십 행동(Behavior)의 중요성
- 리더의 행동을 변화시키는 수퍼 리더십 모델
- 수퍼 리더십 모델의 기초인 감정 지능(EQ, Emotion Intelligence) 5가지 요소를 이해하고 10가지 세분 항목을 통한 EQ 진단
- 셀프 리더십(Self-Leadership)의 두 가지 요소, 자기 인식과 자기 관리 방법
- 구성원을 셀프 리더로 키우기 위한 GROW 코칭 모델

다음에 제시된 Fuyao 사례를 읽고 수퍼 리더십 모델에서 소개한 셀프 리더십의 핵심 요소인 자기 인식 및 자기 관리 기법, 그리고 구성원을 셀프 리더로 성장시키기 위한 GROW 코칭 모델을 적용하는 실습을 하려고 한다.

Fuyao

2014년 중국의 유리 생산업체 푸야오는 2008년 불경기로 문을 닫은 제너럴 모터스(GM) 공장을 인수하고 미국 진출에 나섰다. 푸야오는 공장 운영에 필요한 현지에서 온 숙련된 기술자를 제외하고 일자리를 찾는 오하이오주 시민들에게 노동 시장을 개방하고, 푸야오 글래스 아메리카를 책임질 사장도 미국인을 선임했다.

공장 설립 초기만 해도 양측은 낙관적인 분위기가 팽배했다. 비록 몇 가지 걸림돌이 있긴 했지만, 오하이오주의 새로운 희망에 대한 믿음이 더 컸다. 하지만 푸야오의 직원이 된 미국인 노동자는 실직 신세를 면했다는 행복이 크게 자리하면서도 예전과 너무나도 차이 나는 고용 현실을 실감해야 했다. 단적으로 시급은 GM 시절의 절반에 미치지 못하며, 중국인 고용주는 생산성을 이유로 엄격한 노동 환경을 내세운다. 미국인 근로자들은 처음의 들뜬 기대와 달리 갈수록 고된 업무에 지쳐간다. 반면 중국인 관리자에게 미국인은 게으르고 현실에

안주하려 한다는 인식도 양립하기 힘든 문화 충돌의 요인으로 자리한다. 설립 초기 푸야오 글래스 아메리카는 생산성이 목표에 미치지 못해 부진을 거듭한다. 그 결과 Fuyao는 다음과 같은 세 가지의 과제를 해결하여야 한다.

각 과제마다 안내된 방식으로 수퍼 리더십의 기법을 적용하여 해결 방안을 찾아보자.

1) 주재원과 현지 구성원이 Partnering해서 업무 역량을 향상시키는 Supervisor program을 도입하기로 함. 현지 구성원들은 아직 현장 업무 숙련도가 낮고 외국인과 일한 경험이 없음. 당신은 현장업무 경력이 많지만 누구를 가르쳐 본 적이 없음. Supervisor로 임명된 주재원은 공정 관리를 담당하는 현지 스텝을 대상으로 어떻게 코칭을 준비 해야 하나?

- 이 상황에 대하여는 GROW 모델 워크시트를 활용하여 작성한다.

2) 현지 구성원 중에서 앞으로 품질 관리 팀의 리더 역할을 할 대상자를 선정해야 한다. 선정 업무를 맡은 주재원은 어떤 기준으로 리더를 선정해야 할까?

- 이 상황에 대해서는 자기 인식에서 소개한 미션 선언문(Mission Statement) 양식을 활용하여 품질관리 팀 리더의 자격 조건을 고려하여 작성한다.

3) 주재원들은 현지 기숙사에서 공동생활을 하면서 숙식을 직접 해결하고 있으나 규칙적이지 않고 영양가 낮은 식사를 하고 있음. 가족들에 대한 그리움이 커지고 건강에도 무리가 발생하는 상황이 계속되고 있음. 주재원들은 자기 관리를 위하여 어떻게 해야 하나?

- 이 상황에 대하는 자기 관리(Self-management) 양식을 활용하여 작성한다.

GROW 코칭 모델

GROW	Coaching Question
Goal	
Reality	
Options	
Will	

미션 선언문

자기 인식 Self - Awareness	가치 (Value)	나는 무엇을 중요하게 여기는가?
	열정 (Passion)	나는 무엇에 열정이 있는가?
	재능 (Talent)	나는 어떤 재능이 있는가?
	성격 (Personality)	나의 성격의 강약점은 무엇인가?
미션 선언문	나는 어떤 사람으로 기억되고 싶은가?	

자기 관리 계획

자기 관리 Self Management	건강 (Healthy Way)	
	생각 (Thinking)	
	행동 (Behavior)	
	감정 (Feeling)	
새로운 루틴	나는_____ 경우에 _____ 을 한다. 그러면 _____ 을 얻을 수 있다.	

05

CHAPTER

부록

의사결정 플래너(Decision Planner)

문제 / 기회 상황					
문제 / 기회 발견	목적과의 Gap				
	증상 및 근본적 원인 파악				
	Agent 간 상호작용, 발생가능 현상 (Emergence)				
	의사결정 제한 조건 (정보, 리소스, 시간)				
	Urgency / Impact 분석	U (High) / I (High)	U (Low) / I (High)	U (High) / I (Low)	U (Low) / I (Low)
대안 창출	Brainstorming / SCAMPER				
대안 선정	목적 부합 여부 (O/?/X)				
	대안의 Bias 탐색				
	노력 / 효과 (High=H, Low=L)	EFFORT (　) / EFFECT (　)		EFFORT (　) / EFFECT (　)	EFFORT (　) / EFFECT (　)
	최종 대안 선정				

디스커션 플래너(Discussion Planner)

논의 주제				대상자		일시	
Navigation	문제 상황	사업적 도전					
		구성원 요구					
	사업적 도전 해결 방안	기술적 접근 방법					
		변화 적응 접근 방법					
	구성원 요구 해결방안	업무적 요구					
		개인적 요구					

Communication		절차적 접근 방식	정서적 접근 방식
	명확화 Clarify	• 이 토론의 목적을 설명하십시오. • 이 토론의 중요성을 확인하십시오.	☐ 공감 ☐ 참여 ☐ 지원
	해결안 찾기 Develop	• 상황에 대한 정보를 탐색하고 공유하십시오. • 이슈와 우려사항들을 탐색하십시오.	☐ 공감 ☐ 참여 ☐ 지원
	실행 합의 Agree	• 아이디어를 찾고 논의하십시오. • 필요한 자원/지원을 탐색하십시오.	☐ 공감 ☐ 참여 ☐ 지원

	Nudge Techniques			Feedback 1
자율 조정 Self-correction	기본 설정 Create De-fault		S/T	
			A	
			R	
			A	
	닻내림 효과 Anchor Effect		R	
				Feedback 2
			S/T	
	사회적 증거 Social Proof		A	
			R	
			A	
			R	

리스크 관리 워크시트

Focus	원인					
	사건					
	결과					
	충격강도	High	High	Low	Low	
	발생빈도	High	Low	High	Low	

중-하 수준 상시 위기(Ⅲ) / 최우선 위기(Ⅰ) / 후순위 위기(Ⅳ) / 중-상 수준 재난성 위기(Ⅱ)
발생 빈도(Likelihood) / 충격 강도(Impact)

Risk State-ment				
Measure-ment	결과 지표			
	측정 지표			
	위험 상태	정상 ○ ○ ○ ○ 위험	정상 ○ ○ ○ ○ 위험	정상 ○ ○ ○ ○ 위험
Account-ability	책임자			
	5 T 전략 선택			
	대응 조치 계획			
	조치 일자			
	주요 이해관계자			
	매뉴얼화 점검 (Y/N)	• 비상 상황 발생시 조치 방법 매뉴얼이 있는가?		
		• 리스크 발생시 전체 상황 및 경과지표의 통제 담당부서가 명확한가?		
		• 경과정보를 신속하게 보고하고 대처할 수 있는 보고체계가 구축되어 있는가?		

GROW 코칭 모델

GROW	Coaching Question
Goal	
Reality	
Options	
Will	

미션 선언문

자기 인식 Self - Awareness	가치 (Value)	나는 무엇을 중요하게 여기는가?
	열정 (Passion)	나는 무엇에 열정이 있는가?
	재능 (Talent)	나는 어떤 재능이 있는가?
	성격 (Personality)	나의 성격의 강약점은 무엇인가?
미션 선언문	나는 어떤 사람으로 기억되고 싶은가?	

자기 관리 계획

자기 관리 Self Management	건강 (Healthy Way)	
	생각 (Thinking)	
	행동 (Behavior)	
	감정 (Feeling)	
새로운 루틴	나는_____ 경우에 _____ 을 한다. 그러면 _____ 을 얻을 수 있다.	

글로벌 리더의 경영 모델 PARS 요약

1장 목적이 이끈 리더십 모델 ICS

- 목적(Purpose) 중심의 의사결정 과정 적용.
- 문제의 원인을 목적과의 Gap, 시스템적 사고를 통해 찾는다.
- 목적에 부합하는 솔루션을 찾기 위해 창의적인 발상을 한다.
- 편견, 고정관념에서 벗어나 목적 달성 가능성에 따라 대안을 선정한다.

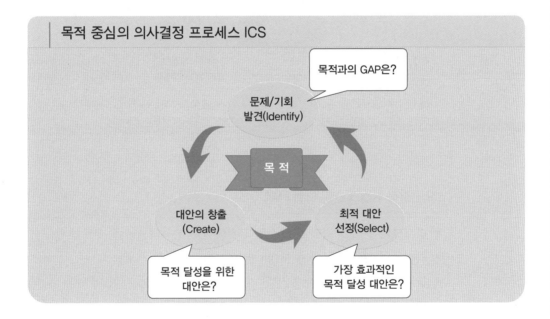

목적 중심의 의사결정 프로세스 ICS

목적과의 GAP은?

문제/기회
발견(Identify)

목 적

대안의 창출
(Create)

최적 대안
선정(Select)

목적 달성을 위한
대안은?

가장 효과적인
목적 달성 대안은?

2장 변화 적응 리더십 모델 NCS

- 리더와 구성원 간의 상호작용과 자율 조정 중시.
- 조직의 Challenge와 구성원의 Need(Practical, Personal)를 파악하고 솔루션을 찾는다.
- 구성원 Needs를 만족시키는 커뮤니케이션을 통해 VWBE mind 제고.
- 효과적인 피드백을 통해 자율적으로 혁신을 하도록 함.

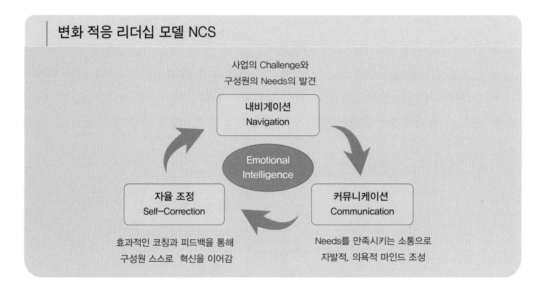

3장 전략적 리스크 관리 모델 FMA

- 리스크의 원인과 결과를 예측하고 전략적 솔루션의 우선순위를 판단.
- 리스크의 결과 지표와 통제 및 관리할 경과 지표를 정함.
- 경과 지표의 명확한 책임자를 선정하고 경과 지표에 대한 구체적 5T 조치 계획 수립.
- 리스크 상황을 신속하게 보고하고 대처할 수 있는 보고 체계 구축.

전략적 리스크 관리 모델 FMA

Measurement
리스크 처리
경과를 추적하고
결과를 평가한다

Focus
가장 중요한 우선순위
리스크에 집중한다

Accountability
리스크 관리 업무를
배정하고 책임을
강화한다

4장 리더를 키우는 수퍼 리더십 모델 BEP

- EQ 모델을 통해 나와 다른 사람들의 특성을 이해함.
- Self-awareness: 리더 자신의 가치, 열정, 재능, 성격을 명확히 이해함.
- Self-management: 감정을 조절하며, 자신의 추구 가치와 행동을 일치 시키도록 새로운 routine을 가짐.
- 구성원을 셀프 리더로 육성하기 위해 GROW 모델 활용.

수퍼 리더십 모델 BEP

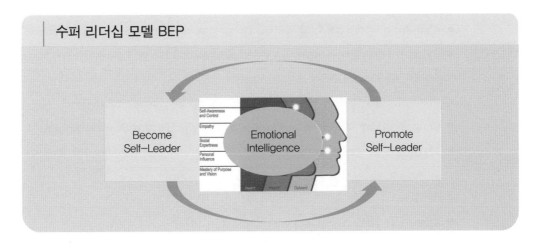

참고문헌

- 국제 경영. 김성호. 이정아. 김종영. 박서연. 정종희. 창명. 2022.
- 국제 경영. 변승혁. 대왕사. 2022.
- 국제 경영의 이론과 실제. 박종돈. 청람. 2021.
- 국제 경영학. 이덕훈. 두남. 2022.
- 글로벌 경영 전략. 권영철. 법문사. 2021.
- 글로벌 경영. 서민교. 박병일. 서울 경제 경영. 2020.
- 글로벌 경영. 장세진. 박영사. 2021.
- 글로벌 시대의 경영전략. 김성호, 남정우. 비즈프레스. 2014.
- 글로벌 전략. 박주홍. 유원북스. 2020.
- Bal, V., Campbell, M., Steed, J., & Meddings, K. (2008). The role of power in effective leadership. *The Center for Creative Leadership*.
- Bernie Madoff Ponzi Scheme Case. Minerva Academic Team (2020, January). *Minerva Project*.
- Bharadwaj, S., & Menon, A. (2000). Making innovation happen in organizations, *Journal of product innovation management*.
- Bonabeau, E. (2002). Predicting the Unpredictable. 80 (3), 109−116. *Harvard Business Review*.
- Clausen, L. (May 2015). Jonathan Bendor: A Toolkit for Solving Problems.
- Clear, J. (2016, November 9). 5 Common Mental Errors That Sway You From Making Good Decisions. *Medium*.
- Colan, L. (Mar 2017). How to Become a Purpose−Driven Leader.
- Craig, N. (May 2014). From Purpose to Impact. *Harvard Business Review*.
- David, S. & Congleton, C. (2013). Emotional Agility. *Harvard Business Review*.
- de Geus, A. (1997). The living company. Harvard Business Review.
- Edward T. Hall's Cultural Iceberg Model In 1976.
- Eurich, T. (Jan 2018). What Self−Awareness Really Is (and How to Cultivate

It). *Harvard Business Review.*

- Fundamentals of Risk management by Paul Hopkin.

- Gavetti, G., & Rivkin, J. (2005). How strategists really think: Tapping the power of analogy. *Harvard Business Review.*

- Goldberg, M. (n.d.). Make better decisions: Know your biases to get the big calls right the first time. *Everett Magazine.*

- Goldin, S. Empathy. *Seth's Blog.*

- Goleman, D. (Jan 2011). Different Kinds of Empathy. *Key Step Media.*

- Graham, K. (Sep 2014). Your Company's Purpose Is Not Its Vision, Mission, or Values. *Harvard Business Review.*

- Grant, A. (2016). Are you a giver or a taker. *TED Talk.*

- Groysberg, B. & Slind, M. (Jun 2012). Leadership is a conversation. *HRB.*

- Hasson, U. (Jan 2017). This is your brain on communication. *Ideas.Ted. com.*

- Hohnene, M. (n.d.). GROW Model for Performance Coaching and Leadership Development.

- Kazdin, E. (n.d.). Individual Differences. *Personality-Project.Org.*

- Managing Risks: A New Framework by Robert S. Kaplan and Anette Mikes, HRB.

- Manlio De Domenico, M. & Sayama, H. (2019). Complexity Explained.

- Mauria, A. (2015, December 16). How to achieve breakthrough by embracing your constraints. *Lean Stack.*

- Plattner, H. (n.d). An introduction to design thinking.

- Risk management — Principles and guidelines on implementation. ISO/DIS 31000 (2018).

- Risk management Handbook, UNESCO, Bureau of strategic planning.

- Risk Management Tools by Mark Walker, Thomas Busmann.

- Roberto, M. (2002). Lessons from Everest: the interaction of cognitive bias, psychological safety, andsystem complexity.*California Management Review*Vol. 45.

- Rothschild, J. & Lewis, A. Changing your mind. *Behavioraleconomics.com.*

- Salovey, P. & Grewal, D. (2005). The Science of Emotional Intelligence.
- Satell, G. & Tonto, D. (Jun 2013). How to Manage Complexity. *Business Insiders.*
- Saylor Academy. Organization Behaviors. Chapter 5.2.
- Scharlatt, H. (2011, January 3). How to influence when you don't have authority. *Forbes.*
- Schwab, K. (2017). IDEO studied innovation in 100+ companies − Here's what it found. *Fast.Co.Design.*
- Sinek, S. (2009, September). How great leaders inspire action.
- Socialinsilico. (2015). 7 fundamentals of design − and how they apply to online spaces.
- Spradlin, D. (2012). Are you solving the right problem? *Harvard Business.*
- Strategy Under Uncertainty by, Hugh Courtney, Jane Kirkland & Patrick Viguerie, HRB.
- Susan Krauss (2011). Motivation: The Why's of Behavior. *Psychology Today.*
- Tam, G., Genone, J., McAllister, K., & Fost, J. (2018) Minerva Leadership Accelerator White Paper #1, #2.
- The Bootcamp Bootleg. (2009, Revised 2011). *Stanford Design School.
- The evolution of model risk management, McKinsey.
- The Explainer: Emotional intelligence (Aug 2015). *Harvard Business Review.*
- The power of motivation: Crash course psychology (2014).
- Torres, R. (Nov 2014). What it Takes to be a Great Leader. *TED talk.*
- Torres, R., Reeves, M., & Love, C. (2010, Dec 13). Adaptive leadership.
- Treasure, J. (Jun 2013). How to speak so that people want to listen. *TED.*

저자 소개

김영광

저자는 서울대 경영학과와 New York University의 MBA 과정에서 학위를 취득하였고, SK 그룹 주요 계열사에서 전략기획, 마케팅, 신규 Global 사업 본부장과 CEO를 두루 담당하면서 34년간 SK에서 근무하였다.

두 번의 주재원 파견 경험과 글로벌 사업 경험을 기반으로 2020년부터는 SK 그룹의 교육을 총괄하는 SK University(MySUNI)에서 Leadership 및 Global Business 분야 전문 교수로 활동 중이며 Minerva University 및 Global HR 컨설팅 회사인 DDI의 파트너 강사로도 활동 중이다.

글로벌 리더의 경영 모델 PARS

초판발행   2023년 3월 6일

지은이   김영광
펴낸이   안종만·안상준

편 집   김민조
기획/마케팅 장규식
표지디자인   우윤희
제 작   고철민·조영환

펴낸곳   (주) **박영사**
           서울특별시 금천구 가산디지털2로 53, 210호(가산동, 한라시그마밸리)
           등록 1959. 3. 11. 제300-1959-1호(倫)

전 화   02)733-6771
f a x   02)736-4818
e-mail   pys@pybook.co.kr
homepage   www.pybook.co.kr
ISBN   979-11-303-1685-7   93320

정 가   19,000원